教育部人文社会科学研究青年项目"新时代社会主义核心价值观对外传播的效果及策略研究"(21YJC710011);首都高校党建研究基地一般项目"全面从严治党体系的逻辑架构研究"(DJB2209)。

制度治党
理论与实践

陈顺伟 ◎ 著

人民日报出版社
北京

图书在版编目（CIP）数据

制度治党理论与实践 / 陈顺伟著 . -- 北京 : 人民日报出版社 , 2023.8
ISBN 978-7-5115-7980-5

Ⅰ . ①制… Ⅱ . ①陈… Ⅲ . ①中国共产党－党的建设－研究 Ⅳ . ① D26

中国国家版本馆 CIP 数据核字 (2023) 第 179322 号

书　　　名：	制度治党理论与实践
	ZHIDU ZHIDANG LILUN YU SHIJIAN
作　　　者：	陈顺伟
出 版 人：	刘华新
责任编辑：	朱小玲
装帧设计：	元泰书装
出版发行：	人民日报出版社
社　　　址：	北京金台西路 2 号
邮政编码：	100733
发行热线：	（010） 65369509　65369512　65363531　65363528
邮购热线：	（010） 65369530　65363527
编辑热线：	（010） 65363486
网　　　址：	www.peopledailypress.com
经　　　销：	新华书店
印　　　刷：	大厂回族自治县彩虹印刷有限公司
法律顾问：	北京科宇律师事务所 010-83622312
开　　　本：	710mm×1000mm　　1/16
字　　　数：	210 千字
印　　　张：	13.25
版　　　次：	2023 年 11 月第 1 版
印　　　次：	2023 年 11 月第 1 次印刷
书　　　号：	ISBN 978-7-5115-7980-5
定　　　价：	58.00 元

目 录

第一章

制度治党的理论渊源

制度治党的基本内涵 / 003

中国共产党制度治党的价值理念 / 017

中国共产党制度治党的思想探源 / 024

第二章

制度治党的时代背景

世界正经历百年未有之大变局 / 043

中国正处于实现民族复兴关键期 / 049

中国共产党正处于全面从严治党深入推进期 / 055

第三章
制度治党的原则和内容

新时代中国共产党制度治党的原则 / 065

新时代中国共产党制度治党的内容 / 079

第四章
制度治党的历史进程和历史经验

中国共产党制度治党的历史进程 / 101

中国共产党制度治党的历史经验 / 119

第五章
制度治党的实践路径

提高制度制定能力　夯实"治党基础" / 144

提高制度执行能力　提升"治党效能" / 149

提高权力监督能力　筑牢"治党保障" / 157

提高环境培育能力　夯实"治党支撑" / 164

第六章
制度治党的价值意蕴

新时代中国共产党制度治党的理论价值 / 173

新时代中国共产党制度治党的实践价值 / 186

结　语 / 201

后　记 / 203

第一章

制度治党的理论渊源

第一章　制度治党的理论渊源

党的十八大以来，习近平总书记创造性地提出了制度治党的概念，并把制度治党提升到关系党的建设全局的高度。办好中国的事情，关键在党，治国必先治党，党的治理对于国家治理具有十分重要的意义。百年奋斗经验告诉我们，党要管党治党。治党的首要原则是全面从严，而全面从严治党的关键是制度治党。对于制度治党的基本内涵，必须深入国家治理和政党治理的理论视域中，在国家治理体系和治理能力现代化的背景下，才能有科学准确的解读。制度蕴含和承载着丰富的价值理念，如以人民为中心、以公正为基础、以集体主义为原则和以实事求是为灵魂。中国共产党制度治党的形成有着丰富的理论资源和实践经验，包括马克思主义经典作家制度治党思想、中国共产党人关于党的制度建设的论述、中华优秀传统文化中的政治思想和世界主要政党制度治党的经验。

制度治党的基本内涵

制度治党的内涵非常丰富，涉及制度治党的概念、要素和功能。制度治党的概念与制度、党的制度建设等概念，密切相关。从与制度和党的制度建设的比较中,可以更为准确地概括出制度治党的概念。制度治党的要素,主要包括完备的党内法规制度体系和有效的党内法规制度的执行。制度治党具有多种功能,对于净化党内政治生态、实现政党治理和国家治理现代化,均具有重要作用。

制度治党的相关概念

对"制度治党"的概念,进行界定是一切研究的起点。首先,制度治党的基础是"制度","制度"是研究"制度治党"的逻辑起点,所以需要先对"制度"概念进行研究。其次,制度治党是对党的制度建设的继承和发展,两者关系密切、不可分割。因此,需要阐述清楚"党的制度建设"的概念,从而明确党的制度建设与制度治党的联系,厘清制度治党的生成逻辑。再次,制度治党是在新时代提出的新理念,需要结合国家治理体系和治理能力现代化的背景,从"治理"的维度对"制度治党"进行解读。

制度

"制度"作为一个概念,可以从多个角度进行阐释和理解。从词汇语义角度来阐释,制度通常被认为是一种规则和秩序。例如,《说文解字》中提到,"制,裁也。从刀,从未。未,物成,有滋味,可裁断。一曰:止也"[①]。"制"本义为修剪枝条,引申泛指裁断、裁制、制作、规划、规章、制度、限制、约束等。"度,法制也。从又,庶省声。"[②] "度"本义为伸缩两臂丈量长短,引申泛指法度、度量。从政治学和社会学

---

① 许慎撰,徐铉等校.说文解字[M].上海:上海古籍出版社,2021:137.
② 许慎撰,徐铉等校.说文解字[M].上海:上海古籍出版社,2021:92.

角度来阐释，制度是一种行为模式和规范。塞缪尔·P.亨廷顿将制度理解为一种为人们的行为提供规范的模式，"所谓制度，是指稳定的、受到珍重的和周期性发生的行为模式"①。约翰·罗尔斯认为制度是"一种公开的规范体系，这一体系确定职务和地位以及它们的权利、义务、权力、豁免等"②。可见，约翰·罗尔斯强调的是制度对社会成员权利和义务的规范性。

从制度经济学角度来阐释，制度被认为是一种包括伦理和非伦理的规则。例如，制度学派代表人物诺思认为，制度"是一系列被制定出来的规则、守法程序和行为道德、伦理规范，它旨在约束主体福利或效用最大化利益的个人行为"③。同时，诺思提出，制度包括"正规约束"与"非正规约束"。"正规约束"即正式制度，包括宪法、法令、政策等；"非正规约束"即非正式制度，包括习惯、道德、禁忌等。制度经济学派对制度概念的界定非常具有代表性，概括来说，制度经济学派认为"制度"的两个层面是规则与习惯。

从马克思主义角度来阐释，制度的本质应该是一种社会关系。马克思将制度置于历史唯物主义的视域下进行阐释。"因为现存的制度只不过是个人之间迄今所存在的交往的产物。"④ 在这里，马克思、恩格斯认为，制度是"交往的产物"，作为现实的人在生产实践中形成了社会关系。社会关系是一种结构，由现实的人构成；但是，社会关系一旦形成，又会制约着现实的人的行为和活动。制度是客观的、稳定的社会关系，是对社会关系结构的规范化表达。

---

① [美]塞缪尔·P.亨廷顿，王冠华等译.变化社会中的政治秩序[M].上海：生活·读书·新知三联书店，1989：12.
② [美]约翰·罗尔斯，何怀宏等译.正义论[M].北京：中国社会科学出版社，1988：54.
③ [美]道格纳斯·C.诺思，刘守英译.制度、制度变迁与经济绩效[M].上海：上海三联书店，1994：3.
④ 马克思恩格斯全集：第3卷[M].北京：人民出版社，1960：79.

本书认为，制度应该从两个层面来理解。依据前文所述，制度被普遍认为是一种规则和规范。同时要看到，从历史唯物主义的视域出发，制度是人类社会活动的产物，本质上是对稳定的、客观的社会关系的规范化表达，是一种硬性的约束，又是心理约束的外在表现形式，还是被社会化、强制化的行为规则，对人形成强制性的规定，表现为一系列规则、规范，对人的行为活动起激励和限制作用。本书所指的制度，是具有强制性特征的正式制度。

党的制度建设

在对"党的制度建设"概念进行阐释之前，需要明确"制度建设"和"党的制度"的概念。

如果说"制度"是一个抽象的静态的概念，"制度建设"则是一个具体的实践的概念。"所谓'制度建设'，是指按照社会发展规律和人的需求、人自身发展的要求对社会关系的承担者——制度进行的理论创新和实践改造活动，是对制度的优化、创新活动，它包括制度需求、制度批判、制度设计、制度构建、制度选择、制度安排、制度实践、制度评价等活动。"[1]

制度建设应从三个层面来理解：一是制度建设是对具体的时代环境的反映，是对一定阶段或某个组织中具体的社会关系的反映；二是制度建设是根据现实问题和现实的人的需求，对人的权利和义务关系进行调整，维持稳定的秩序；三是制度建设是一个包括制度需求、制度设计、制度构建、制度实践等环节在内的系统，是不断对这些环节进行调整和优化的实践活动。"建设"二字凸显了"制度建设"的实践

---

[1] 徐斌. 制度建设与人的自由全面发展[M]. 北京：人民出版社，2012：17.

属性。

政党作为一种组织机构,必须确立行为规则和办事规程,以便规定内部成员的权利与义务,规范内部成员的行为边界,构建组织运行程序,从而获得组织稳定性和政治合法性,保证政党目标的实现。中国共产党作为一个政党组织,也必然要确立自己的运作规则、体制和程序,由此产生了"党的制度"。"党的制度"中的"党"特指中国共产党,这样,制度所指向的范围和领域就得到了确定。"党的制度"除了具有制度的一般属性,还具有中国共产党的特性。在这个层面上,"党的制度"是对中国共产党整体意志的制度化表达,是党组织和全体党员必须共同遵守的各种行为规范的总和。

中国共产党作为执政党,是中国特色社会主义事业的领导核心,必须确保自身能够总揽全局、协调各方。所以,中国共产党不仅要遵守党内制度,而且要遵守中国共产党在参与国家和社会政治活动时所必须遵循的法律和制度,尤其是必须在宪法所规定的范围内活动,严明党纪严于国法。

所以,"党的制度"至少应该包括两个层面:一是党内各种行为规范的总和;二是国家法律制度体系中旨在调整中国共产党与其他社会组织和社会群体关系的制度。

"党的制度建设"可以从内涵和外延两个层面来理解。从内涵上讲,党的制度建设既指党在长期领导工作和党内生活中形成党的组织和党的成员必须共同遵守的党内法规、条例、规则等党内制度,也是党对党内法规制度的理论创新和实践改造活动,以及为适应并对接国家法律体系而作出的调整。从外延上讲,党的制度建设,根据制度的主要内容,可分为党的政治制度建设、党的思想制度建设、党的组织制度建设、党的作风制度建设和党的纪律制度建设等;根据制度的具体内容，可分为根本制度、基本制度、重要制度等；根据制度的运作流程，可分为制度制定、制度执行、制度监督、制度评价等。

制度治党

2014年10月8日，习近平总书记在党的群众路线教育实践活动总结大会上指出："坚持思想建党和制度治党紧密结合。从严治党靠教育，也靠制度，二者一柔一刚，要同向发力、同时发力。"① 这是"制度治党"概念首次正式提出。此后，学界对于制度治党的概念进行了研究和探讨。

从制度的角度看，制度是人类社会活动的产物，本质上是对稳定的、客观的社会关系的规范化表达，表现为一系列规则、规范，对人的行为活动起激励和限制作用。在中国共产党这一对象所规定的范围和视域之下，党内法规制度是中国共产党进行自身建设的产物，是对长期以来中国共产党进行自身建设的经验教训的总结，是对党内关系的规范化表达。制度治党必然蕴含着通过制度和规则对党组织和党员进行管理和约束，对党内关系进行调整，使党的工作和活动逐步实现规范化、科学化、制度化。

从党的制度建设角度看，在"制度治党"这一概念被提出之前，学界普遍使用"党的制度建设"这一词来对中国共产党的制度建设理论和实践进行研究。可以说，制度治党是党的制度建设在新时代的延续和发展，是新形势新局面新挑战下，中国共产党治党理念和治党方式的重大创新，代表着中国共产党对自身建设规律的认识达到了新境界。一方面，制度治党是对党的制度建设的继承，所以制度治党可以

---

① 习近平. 在党的群众路线教育实践活动总结大会上的讲话[M]. 北京：人民出版社，2014：16.

理解为通过发展并创新党内法规制度，适应并对接国家法律体系来进行管党治党的实践活动。另一方面，制度治党作为新时代背景下提出的新理念，是对党的制度建设的发展和升华。相比于党的制度建设，制度治党有着更丰富的含义。党的制度建设更侧重于制度的制定和完善，适用于中国共产党发展初期。制度治党不仅强调制度的制定和制度体系的完备，还关注党内法规制度体系是否内容科学、系统完备、程序严密、运行有效；制度治党不会局限于具体的制度条文，还非常强调制度执行效力，注重对制度执行监督和制度实施结果的评价；制度治党不会停留在制度本身，还注重挖掘制度背后的价值与文化支撑，注重培育制度文化。所以，制度治党相比于党的制度建设是一个内涵更加丰富、结构更加合理、系统更加完备的治理形态。

从治理的角度看，制度治党的关键在于"治"。党的十八届三中全会提出了"完善和发展中国特色社会主义制度，推进国家治理体系和治理能力现代化"这一全面深化改革的总目标。治理改革成为政治改革的重要内容，政党治理处于治理体系的核心位置，决定并影响着其他治理主体及其治理能力的培育。党提升治理能力、优化治理结构、创新治理形式，实现政党治理现代化，是实现国家治理现代化的关键环节。制度治党是中国共产党推进政党治理现代化的必然选择，是实现国家治理现代化的基本前提。所以，将制度治党置于治理视域下进行理解非常有必要。

制度治党的内涵应包括这几个方面。治党的主体更加宽泛，治党权力更加分散，尤其是要充分发挥党员在制度治党中的治理作用。这要求在制度上充分保证党员的权利，提高党员素质，充分发挥党员在治党管党过程中的积极性和创造性。

权力运行的制度化、规范化程度更高，行为规范更加严格，这要求必须维护党内法规制度的权威性，加强对权力的制约和监督。党员干部不仅要在宪法规定的范围内活动，还要使党纪严于国法。

注重提高党的治理实效，这要求必须提升中国共产党的治理能力，通过完善的制度执行、制度监督、制度评价等来提高治理效能。

综上所述，对于制度治党的内涵，可以从两个维度来阐释。一是从制度维度。制度治党是中国共产党通过构建严密完备的党内法规制度体系，强化制度执行与权力监督，注重培育制度文化来管理党内各项事务、进行自身治理的动态过程。二是从治理维度。制度治党是党以党内制度和国家法律作为规范党组织及其成员的行为、调整党内关系的重要的政党治理工具，用成熟的制度规范来管党管人管事。

制度治党能力

研究中国共产党制度治党，目的是提升党的制度治党能力，因此，很有必要明确制度治党能力的概念。制度治党作为一个动态的治理过程，内在包含着制度制定、制度执行、权力监督、制度环境培育四个环节。中国共产党制度治党能力，即中国共产党运用党内法规制度体系管理党内各项事务、提高党的执政能力和领导水平的能力。中国共产党制度治党能力以中国共产党为主体，以党内各项事务为客体，以党内法规制度体系为手段，具体包括制度制定能力、制度执行能力、权力监督能力和制度环境培育能力。

制度制定能力，即中国共产党构建党内法规制度体系的能力。制度制定能力又可以分为制定党内法规发展规划的能力，把握党内法规制定程序的能力，运用现代立法技术的能力，以及科学清理过时党内法规的能力。

制度执行能力，即中国共产党在具体实践中运用党内法规制度管党治党的能力，主要体现为促使全体党员干部严格执行党内法规制度，切实发挥制度效能。制度执行能力包括对党内法规进行解释宣传的能力，对党章以及其他法规制度的落实能力，对党内法规进行评估的能力。

权力监督能力，即中国共产党自觉加强党内监督和强化外部监督的能力。自觉加强党内监督的能力，即中国共产党自身依据党纪党规，以规范的程序作用于监督客体，促使全体党员正确行使权利，自觉执行法规制度。畅通党外监督的能力，即中国共产党通过完善外部监督机制，使自己被党外力量充分监督。

制度环境培育能力，即中国共产党构建有利于党内法规制度实施的良好环境的能力，包括构建风清气正党内生态的能力、加强党内制度文化建设的能力、增强党员制度意识的能力。

中国共产党提升制度治党能力，需要在理论和实践上，综合提升制度制定能力、制度执行能力、权力监督能力和制度环境培育能力。

制度治党的要素

中国特色社会主义进入新时代，制度治党回答了在新的历史条件下用什么样的制度来治党、怎样用制度来治党、实现什么样的治理目标等一系列基本问题。把管党治党的重心放在对党的组织的体制、机制、程序、规则等制度要素的建立健全上，强调发挥制度的刚性作用，加强党内法规制度的执行力，实现对全体党员的硬性约束，是新时代党的建设新的伟大工程的鲜明特征，同时构成了制度治党的基本要素，即党内法规制度体系的完善程度和对党内法规制度执行力的现实关切。

一方面，完备的党内法规制度体系是制度治党的基本要素。"没有健全的制度，权力没有关进制度的笼子里，腐败现象就控制不住。"①科学的治党制度作为制度运行的起点，是实现制度治党的基础和前提。党的十八大以来，以习近平同志为核心的党中央对新时代制度治党做了顶层设计和系统安排，坚持"破旧"与"立新"并举，注重系统完备、衔接配套、彼此呼应，全方位提升党内法规制度建设质量和速度，搭建起以"1+4"为基本框架的党内法规制度体系。

在"破旧"方面，2012年6月，党中央开始对现有党内法规制度和规范性文件进行全面筛查和集中清理，涉及党内法规和规范性文件1178件，废止322件，宣布失效369件。②2019年4月，第二次集中清理工作完成，涉及党内法规和规范性文件118件，废止54件，宣布失效56件，修改8件。③经过两次系统清理和修订工作，解决了党内法规制度及其体系建设中存在的不适应、不协调和不一致等问题。

在"立新"方面，2012年，党中央相继颁布实施《中国共产党党内法规制定条例》《中国共产党党内法规和规范性文件备案规定》等党内法规，从制度层面保障了党内法规制度的建设质量、审查力度，发挥出党内法规制定领域"立法法"的作用。10年来，党中央先后印发实施《中央党内法规制定工作五年规划纲要（2013—2017年）》（2013年）、《关于加强党内法规制度建设的意见》（2016年）、《中央党内法规制定工作第二个五年规划（2018—2022年）》（2018年）和《中国共产党党内法规执行责任制规定（试行）》（2019年）等法规文件，为搭建以"1+4"为基本框架的党内法规制度体系指明了方向、提出了具体要求、明晰了实践途径。2021年，习近平总书记在庆祝中国共产党成

---

① 习近平关于党风廉政建设和反腐败斗争论述摘编 [M]. 北京：中央文献出版社、中国方正出版社，2015：125.
② 中央党内法规和规范性文件集中清理工作全部完成 [N]. 人民日报，2014-11-18（04）.
③ 中共中央完成党内法规和规范性文件第二次集中清理工作 [N]. 人民日报，2019-4-12（01）.

立 100 周年大会上宣布，中国共产党已经"形成比较完善的党内法规体系"①。至此，涵盖以党章为根本遵循的党的组织法规制度、党的领导法规制度、党的自身建设法规制度、党的监督保障法规制度四大板块的党的制度体系基本形成，为实现党的良规善治提供了制度保障。

另一方面，制度有效执行是制度治党的关键要素。马克思说过，实际运动中的每一个步骤，都胜过一打纲领。制度治党从"制"向"治"的功能转化过程就是制度的执行过程。党内法规制度贵在执行，也难在执行。党内法规制度只有在实践中得到有效执行，制度的功能、价值、权威才能够彰显出来；否则，再完备、再科学的制度得不到执行，也只是一纸空文。对此，习近平总书记多次强调，"好的法规制度如果不落实，只是写在纸上、贴在墙上、编在手册里，就会成为'稻草人'、'纸老虎'"②，"就会形成'破窗效应'，使党的章程、原则、制度、部署丧失严肃性和权威性"③。在党内法规制度较为完备的基础上，要实现制度优势向治理效能的转化，就必须提高党的制度的执行力。提高党的制度执行力，必须坚持"制度执行到人到事，做到用制度管权管事管人"④；必须坚持制度面前人人平等，不开"天窗"、不留"暗门"；必须坚持对违反制度规定、踩踏红线的行为采取零容忍态度，让制度成为硬性约束，真正有效运行起来。

---

① 习近平.在庆祝中国共产党成立 100 周年大会上的讲话 [M]. 北京：人民出版社，2021：7.
② 习近平关于严明党的纪律和规矩论述摘编 [M]. 北京：中央文献出版社、中国方正出版社，2016：89.
③ 习近平关于全面从严治党论述摘编 [M]. 北京：中央文献出版社，2016：97.
④ 习近平.在党的群众路线教育实践活动总结大会上的讲话 [M]. 北京：人民出版社，2014：18.

制度治党的功能

制度治党的要素、结构，决定了制度治党的功能。制度治党的功能，就是制度治党在党的建设过程中发挥有利作用或产生效用的能力。制度治党无论在净化党内政治生态，还是在推进政党治理现代化和实现国家治理现代化等方面，都具有重要的作用。

有助于净化党内政治生态

党内政治生态是指在特定的政党组织的内部各要素之间通过相互作用、相互影响、相互制约所形成的生态联动，是政党组织的政治生活现状、政治发展环境的综合体现。中国共产党作为执政党，执政地位决定了党内政治生态不仅对中国共产党的治国理政能力有着巨大影响，而且也对整个国家社会的政治生态起着决定性作用。为此，习近平总书记强调："做好各方面工作，必须有一个良好政治生态。政治生态污浊，从政环境就恶劣；政治生态清明，从政环境就优良。政治生态和自然生态一样，稍不注意，就很容易受到污染，一旦出现问题，再想恢复就要付出很大代价。"[①] 党风清正廉洁、党员高度团结、党员素质过硬是净化党内政治生态的根本目标。制度治党通过从建立健全党的基本制度着手，重点完善党内权力制约和监督制度，把权力关进制度的笼子，为推进党风廉政建设提供规范保障；通过建立健全公平、合理的党内制度来规范党员行为、调整党内利益关系、维护党员合法权益，为保持党内高度团结提供根本保障；通过建立切实可行的学习

---

① 习近平关于全面从严治党论述摘编 [M]. 北京：中央文献出版社，2016：33.

责任制度、考勤与奖惩制度来保障党内教育的实施，将理论学习由党员的"软指标"变成党员的"硬任务"，这是培养优秀共产党员的重要方式。

有助于实现政党治理现代化

美国政治学家塞缪尔·P. 亨廷顿认为，制度化阶段是政党组织发展的成熟期，政党制度化程度越高其获得的政治认同也就越稳定。[①]从这个意义上说，政党的制度化水平是衡量政党能力的重要参考指标。政党治理的有效性在很大程度上取决于政党制度化水平的实现程度。中国共产党作为执政党，决定了其必须把保持党组织可持续发展作为核心价值追求。党组织的生存和发展需要权威完备的制度体系予以保障。面对党内治理事务的复杂性、协同性和非线性特征日益显著的现状，制度治党作为一种新的治理形态，通过系统完善的党内法规制度和刚性的执行力度，对党内的政治性规定、思想性要求、组织性建设、纪律性规定等各项事务进行管理、调适和运行，让党内事务的有效治理保持常态化、长效化。这有利于不断提升党的思想聚合、组织严整、作风净化和反腐倡廉等内部治理能力，实现政党运行的规范化、科学化。以制度治党来提高党员综合素质，营造良好的党内政治生态，是中国共产党"实现政党变革、走向成熟的一种现代化治理方式"[②]。制度治党注重用制度规范党员的行为和思想，让党员增强制度意识和纪律意识，进而锻造出一支各方面素质过硬的党员队伍。制度治党推动党内政治生活制度化、规范化和常态化，为党的活动和党的运行提供

---

① [美]塞缪尔·P. 亨廷顿. 王冠华等译. 变化社会中的政治秩序[M]. 北京：生活·读书·新知三联书店，1989：12.
② 陈松友，刘帅. 制度治党：优化党内政治生态的现实性及路径选择[J]. 河南社会科学，2016（5）.

制度遵循，同时增强党内政治生活的政治性、时代性、战斗性，让党员在党内政治生活中提高对党组织的认同度和制度执行力。

有助于实现国家治理现代化

坚持和完善党的领导，是党和国家的根本所在、命脉所在，是全国各族人民的利益所在、幸福所在。国家治理一旦脱离党的领导、偏离中国特色社会主义道路，就会阻碍国家现代化建设和发展。中国共产党作为中国特色社会主义事业和国家治理现代化的领导者和执行者，须持续推进党的建设新的伟大工程，实现政党运行的规范化科学化，推动提升治国理政能力现代化，引领国家治理现代化的方向和进程。这些是实现国家治理现代化的关键。国家治理现代化目标能否顺利实现，取决于能否提升党治国理政能力，取决于能否推进党的建设制度化、规范化。在现代政治理论与实践中，"制度治党既是政党自身发展规律的诉求，也是执政党开发各种资源要素并'输入'国家、社会，以形成其执政合法性资源的需要"[①]。一方面，中国共产党用党内机制、规则、程序和党规党纪来重塑、规范党内权力运行，用制度治党、管权、治吏。另一方面，中国共产党凭借自身执政地位将治党理念上升为国家意志，用制度为实现国家治理现代化进行刚性保障。推进党的建设新的伟大工程和实现国家治理现代化目标二者契合于制度治党。所以，制度治党既是新时代推进党的建设新的伟大工程最长效、最可靠的治党途径，也是实现国家治理现代化的首要任务。

---

① 刘帅，赵佳佳.中国共产党制度治党的生成逻辑与推进思路[J].东南学术，2018（2）.

第一章 制度治党的理论渊源

中国共产党制度治党的价值理念

每一种制度都是一定理念和价值的外化,制度与价值观有着密不可分的关系,主要体现在制度内化为价值观和价值观外化为制度两个方面。制度内化为价值观,即制度价值观化;价值观外化为制度,即价值观制度化。制度价值观化和价值观制度化集中体现为制度的价值诉求。

党内法规制度是中国共产党在一百多年来带领中国人民筚路蓝缕、砥砺前行的奋斗历程中形成的宝贵经验和财富,必然蕴含着中国共产党人的独特价值观,制度治党作为一个更为完整的制度结构体系,则蕴含着更为丰富的价值理念,那就是以人民为中心、以公正为基础、以集体主义为原则、以实事求是为灵魂。

以人民为中心

全心全意为人民服务是中国共产党的根本宗旨,制度治党必须以人民为中心。马克思主义是建立在"人民群众是历史的创造者"这一群众史观基础之上的,把实现人的自由全面发展作为最高的价值追求。作为马克思主义政党,人民群众是中国共产党的执政基础。

中国共产党摆脱了以往一切政治力量追求自身特殊利益的局限,自成立之初就把"人民"二字镌刻在自己的旗帜之上,一百多年来,始终秉持着"为中国人民谋幸福,为中华民族谋复兴"的初心使命砥砺前行。习近平总书记强调:"在任何时候任何情况下,与人民同呼吸共命运的立场不能变,全心全意为人民服务的宗旨不能忘,群众是真正英雄的历史唯物主义观点不能丢,始终坚持立党为公、执政为民。"①中国共产党的根基在人民、血脉在人民、力量在人民,推进制度治党正是为了以制度形式巩固全心全意为人民服务的根本宗旨。

人民是制度治党的价值主体和评价主体,回答了制度治党"为了谁"的根本问题。

制度治党的价值主体是人民,根本目的是更好地保障人民利益,实现人民对美好生活的向往。党章中规定,"坚持党和人民的利益高于一切,个人利益服从党和人民的利益,吃苦在前,享受在后,克己奉公,绝对不得假公济私,损公利私"是每一个党员的义务。可以说,每一部党内法规制度都是以党章为根本遵循,是对党章的具体化。因此,每一项党内法规制度都是对"坚持人民利益高于一切"这一义务和责任的具体化,都彰显着人民至上的根本立场。

制度治党的评价主体也是人民,最广大人民的根本利益是党作决策、定政策的最高标准。制度的好坏,要以人民是否满意、是否能够维护人民利益为衡量标准。党的一切工作,都以人民利益为根本考量。邓小平指出,衡量一切工作是非得失的判断标准就是"三个有利于",即是否有利于发展社会主义社会的生产力,是否有利于增强社会主义国家的综合国力,是否有利于提高人民的生活水平。江泽民指出:"人民,只有人民,才是我们工作价值的最高裁决者。"②胡锦涛指出:"要牢固树立群众观点和公仆意识,把群众呼声作为第一信号,把群众需要作为第一选择,把群众满意作为第一标准,坚持问政于民、问需于民、问计于民,多办顺民意、解民忧、增民利的实事。"③习近平总书

---

① 习近平谈治国理政[M].北京:外文出版社,2014:367.
② 江泽民.论党的建设[M].北京:中央文献出版社,2001:181.
③ 胡锦涛文选(第三卷)[M].北京:人民出版社,2016:199.

记指出:"让群众满意是我们党做好一切工作的价值取向和根本标准,群众意见是一把最好的尺子。"[1] 这些都指明了,党在判断工作效果时,是否符合人民利益、满足人民需求是最根本的标准,一切工作都要以增进人民利益为最高价值标准。制度的好坏、制度的执行效果、制度治党的成效,必须坚持以人民为评价主体。

以公正为基础

公正是制度的基础价值,制度治党以公正为基础价值规范。"制度首先体现的是一种权利—义务关系。"[2] 在这个意义上,制度公正是以公民权利和义务关系为核心的,是"社会阶层和公民的权利与义务在社会分配过程中的合理确认"[3],即公民权利与义务的分配外在地具体化为制度,也可以说是通过制度的形式对公民权利与义务加以确认和固定。

制度的公正分为实质公正和程序公正。前者指向分配结果,后者指向分配过程。实质公正要求公正的价值观念渗透在各项具体制度安排之中,使制度体现出对权益、资源的合理性安排,实现公正的分配结果。程序公正则是一种形式公正或者过程公正。程序公正强调的是制度的形式、规则和程序的公正,要求在对权益和资源的分配过程中,以制度保障形式和过程的正当。制度公正是以程序公正为基础和前提的,如果没有程序上的公正,也必然没有结果的公正。

制度治党深刻体现着公正的价值观念。党章对党员的权利与义务进行了明确规定。在党内,无论来自哪个民族、何种性别,在基本权

---

[1] 习近平. 在党的群众路线教育实践活动总结大会上的讲话 [M]. 北京: 人民出版社, 2014: 10-11.
[2] 高兆明. 制度伦理研究——一种宪政正义的理解 [M]. 北京: 商务印书馆, 2011: 28.
[3] 倪愫襄. 制度伦理研究 [M]. 北京: 人民出版社, 2008: 112.

利与义务上，每个党员都是平等的，都必须坚持义务在先、正确行使权利的原则。

为保障党员权利，2021年1月4日，新修订的《中国共产党党员权利保障条例》强调形成全党共抓党员权利保障的合力，明确了相关责任人的职责，系统规定了落实党内民主监督制度等20项保障措施，并强调要对侵犯党员权利和党员不正确行使权利的情形进行责任追究。

促使党员掌握正确的权利—义务关系，正确行使权利、积极履行义务是党内生活正常化的前提，也是推进党的建设新的伟大工程所要求的。制度治党就是通过制度、规则等程序上的公正合理对党员权利进行保障，明确党员的权利与义务关系，实现每个党员都能够正确行使权利、积极履行义务；通过规范党员和党组织的行为，对正确行使权利和履行义务的行为进行倡导和保护，对欺诈、隐瞒、以权谋私等行为进行惩罚和追责，来营造公平公正的环境；通过以具体的法规制度保障公平公正的价值理念，引导党员干部的行为活动，在潜移默化中影响着党员干部的道德伦理和价值追求，强化党员干部对制度的认同和执行。

制度治党以公正为价值指引，每一项制度安排中都深刻体现并保障着公正精神。这种公正的价值理念又为制度治党提供了合理性和合法性，指引制度治党不断走向深入。

以集体主义为原则

集体主义是无产阶级世界观的重要内容，是社会主义精神文明的重要标志。制度治党以集体主义为原则。马克思曾说："只有在共同体中，个人才能获得全面发展其才能的手段，也就是说，只有在共同体中才可能有个人自由。"① 马克思和恩格斯认为，无产阶级的集体利益是高于个人利益的，无产阶级有必要先牺牲自己的利益来为人民群众谋取更多的利益。中国共产党继承了集体主义的世界观，将全心全意为人民服务作为自己的根本宗旨，坚持社会主义公有制的主体地位，将实现共同富裕作为根本目标，始终强调除了工人阶级和最广大人民群众的利益，没有自己特殊的利益。这与西方的个人主义和利己主义是有着根本的差别的。正如邓小平所说，"每个人都应该有他一定的物质利益，但是这决不是提倡各人抛开国家、集体和别人，专门为自己的物质利益奋斗，决不是提倡各人都向'钱'看。要是那样，社会主义和资本主义还有什么区别？我们从来主张，在社会主义社会中，国家、集体和个人的利益在根本上是一致的，如果有矛盾，个人的利益要服从国家和集体的利益。"② 集体主义与社会主义是相一致的，与广大人民群众的利益是相一致的。中国共产党作为广大人民群众利益的代表，必须以集体主义为原则，弘扬先集体、后个人的价值观念。

制度治党以集体主义为原则，深刻体现着集体主义的精神内涵。集体主义本质上是要处理好个人利益、集体利益和国家利益之间的关系。对于党员来说，要处理好党员个人利益和人民群众利益的关系。人民利益至上是共产党员利益观的核心，当人民利益与个人利益相冲突的时候，党员个人利益要服从于人民利益。制度治党是监督权力运行的关键举措，通过将权力关进制度的笼子来确保人民赋予中国共产党的权力不是被党员用来谋取私利，而是始终用来造福人民。诚然，中国共产党长期执政过程中也始终经受着"四大考验"、面临着"四种危险"，被"四风"问题腐蚀，一些不良风气和腐败问题使有的党员干

---

① 马克思恩格斯文集（第一卷）[M]. 北京：人民出版社，2009：571.
② 改革开放三十年重要文献选编（上）[M]. 北京：中央文献出版社，2008：153.

部丧失纯洁性，滑向个人利益至上的利己主义价值观。党的十八大以来，以习近平同志为核心的党中央坚持自我革命、刀刃向内，坚定推进全面从严治党，坚持思想建党与制度治党紧密结合，集中整饬党风，严厉惩治腐败，出台了《中国共产党纪律处分条例》《中国共产党问责条例》《中国共产党党内监督条例》《关于新形势下党内政治生活的若干准则》《关于加强党内法规制度建设的意见》《中国共产党巡视工作条例》等一系列重要法规制度，扎密扎严制度的笼子，切实加强对党员干部的监督、约束和管理，确保行使好人民赋予的权力，深刻体现了维护人民利益的自觉性。

以实事求是为灵魂

马克思主义以事实为依据、以规律为对象、以实践为检验标准，要求我们坚持理论与实践的统一，一切从实际出发，通过合理的方法来把握客观规律。虽然马克思、恩格斯没有明确提出实事求是的概念，但是在他们的众多论述中无不闪耀着实事求是思想的光芒。中国共产党在革命实践中，不断将马克思主义基本原理与中国革命实际相结合、与中华优秀传统文化相结合，创造性提出了实事求是的思想路线。

实事求是是中国共产党的思想路线，也是制度治党的价值取向

毛泽东在《改造我们的学习》中对实事求是作了阐述："'实事'就是客观存在着的一切事物，'是'就是客观事物的内部联系，即规律性，'求'就是我们去研究。"[①] 实事求是是毛泽东思想活的灵魂，也是

[①] 毛泽东选集（第三卷）[M]. 北京：人民出版社，1991：801.

中国共产党认识世界、改造世界的重要思想武器。正是靠着毫不动摇地坚持实事求是的思想路线，中国共产党才能在困难和挫折中及时调整策略，在与各种错误倾向的斗争中不断走向胜利。在今天，我们仍然要坚持实事求是的思想路线，要一切从实际出发，坚持理论与实践相结合，践行群众路线，弘扬真抓实干、求真务实的工作作风。

制度治党以实事求是为灵魂，实事求是的世界观和方法论贯穿于制度治党的全过程

党内法规制度的制定必须坚持实事求是原则。只有深入实际进行调查研究，全面、系统、真实地掌握实际情况和一手材料，直面影响党内团结、损害群众利益的真正问题，明白人民群众的所思所盼，才能使党内法规制度更具针对性和操作性，不流于形式、浮于表面。

党内法规制度的执行必须坚持实事求是原则。广大党员干部要发扬实干精神，以踏石留印、抓铁留痕的劲头做好本职工作，以不折不扣、求真务实的态度执行党规党纪。如此才能让铁令生威，让形式主义无处遁形。

党内监督必须坚持实事求是原则。要让党内"红脸出汗""揪耳扯袖"成为常态，敢于进行批评与自我批评，向自身的顽瘴痼疾开刀，让党内监督落到实处。

只有以实事求是为灵魂，才能稳扎稳打、脚踏实地地推进制度治党，让制度真正成为管党治党的利器。

党内法规制度的评价必须坚持实事求是的原则。党内法规制度的评价标准在于制度的有效性，有效性的根本在于人民群众的满意度。一套人民群众满意的党内法规制度必然是实事求是的，符合人民利益的。

党内法规制度评价应该包含两层意思：一是制度巩固，二是制度矫正。制度巩固需要制度设计者在最初就要设计一套与制度相应的保护机制，确保制度的价值观的正确性。制度矫正主要针对存在问题的制度，是对制度及制度实施中的问题的一种反省，通过弥补机制消除或减少由制度导致的问题。无论是制度巩固还是制度矫正都是在面临新形势新任务的情况下，有针对性地对党内法规制度进行有效调整，使之适应形势发展的需要。

中国共产党制度治党的思想探源

马克思主义经典作家非常注重发挥制度在党组织中的规范作用，并形成了丰富的制度治党思想。中国共产党的历代主要领导人都一以贯之地加强党的制度建设，在各个阶段提出的党的建设理论中都包含着丰富的制度治党思想，这些思想既丰富了马克思主义政党建设理论，又走出了一条具有中国特色的制度治党之路。中华优秀传统文化中蕴含着丰富的治理思想，尤其是礼治和法治对制度治党有一定的参考价值。政党制度发源于欧洲，世界主要政党（发达国家政党和发展中国家政党）制度治党中实行的党内监督制度、党务公开制度、反腐败斗争、维护党的纲领、严格党内生活和完善相关配套制度等，对中国共产党制度治党具有一定的借鉴意义。

马克思主义经典作家制度治党思想

马克思、恩格斯高度重视发挥制度在党组织中的规范作用。列宁作为马克思主义的继承者和发展者，也非常注重制度在党的建设中的作用。马克思主义经典作家制度治党思想是中国共产党制度治党的重要理论基础。

马克思、恩格斯的无产阶级政党制度建设思想

马克思和恩格斯作为无产阶级政党的缔造者和无产阶级的精神领袖，在他们所处的时代，基于无产阶级政党的革命斗争实践，对无产阶级政党的发展和建设问题进行了探索，发展了党内民主制度、集体领导制度、党的纲领和党内监督，形成了非常丰富的无产阶级政党制度建设思想。

19世纪三四十年代是马克思和恩格斯政党理论创立时期，也是无产阶级政党制度建设思想的萌芽时期。1847年12月，共产主义者同盟第二次代表大会审议通过了马克思和恩格斯积极参与起草的《共产主义者同盟章程》（以下简称《章程》）。《章程》规定了同盟的组织机构由支部、区部、总区部、中央委员会和代表大会构成，规定了盟员加入的条件。这使共产主义者同盟褪去了宗派主义色彩，成为先进的现代无产阶级政党。同时，《章程》还规定全体盟员一律平等，明确了代表大会是全盟的立法机关，每年定期举行，中央委员会是代表大会的执行机关，需要向代表大会汇报工作，地方各级组织向上级汇报工作，总区部向代表大会和中央委员会汇报工作，区部委员会和中央委员会的委员任期为一年，连选得连任，选举者可以随时撤换。这些规定通过健全组织机构、完善选举制度发展了党内民主，已经蕴含着民主集中制的思想。1848年，《共产党宣言》问世，马克思和恩格斯在《共产党宣言》中提出无产阶级政党的最近目标是"使无产阶级形成为阶

级，推翻资产阶级的统治，由无产阶级夺取政权"①。无产阶级政党的理论是"消灭私有制"②。无产阶级政党的最终目标是实现"自由人联合体"③。这些都构成了无产阶级政党的政治纲领，体现了马克思和恩格斯对党的纲领的重视。

19世纪50年代至70年代，马克思和恩格斯继续在指导无产阶级斗争中发展无产阶级政党制度建设思想。1871年，马克思拟定了《国际工人协会共同章程》和《组织条例》，对国际工人协会的组织原则进行了规定，明确指出协会最高权力机关——代表大会必须体现全党的意志，确保了代表大会的权威和地位，同时也规定了协会成员、支部、代表的民主权利。这些体现了马克思和恩格斯对党的集体领导制度的思考和对党纲的完善。巴黎公社成立后，马克思指出："公社是由巴黎各区通过普选选出的市政委员组成的。这些委员对选民负责，随时可以罢免。"④在《法兰西内战》中，马克思也指出，"工人阶级为了不致失去刚刚争得的统治，一方面应当铲除全部旧的、一直被利用来反对工人阶级的压迫机器，另一方面还应当保证本身能够防范自己的代表和官吏，即宣布他们毫无例外地可以随时撤换"⑤。这些体现了马克思对党内选举制度和党内监督的思考。

19世纪末，马克思主义在工人运动中的影响日益增长。同时，无产阶级斗争条件也发生了新变化，马克思和恩格斯的晚年在与各种错误思潮的斗争中进一步发展了无产阶级政党制度建设思想。恩格斯对党内民主和党的纪律进行了思考。同时，恩格斯还强调要对党内官员

---

① 马克思恩格斯文集（第二卷）[M].北京：人民出版社，2009：44.
② 马克思恩格斯文集（第二卷）[M].北京：人民出版社，2009：45.
③ 马克思恩格斯选集（第二卷）[M].北京：人民出版社，2012：126.
④ 马克思恩格斯选集（第三卷）[M].北京：人民出版社，2012：98.
⑤ 马克思恩格斯选集（第三卷）[M].北京：人民出版社，2012：54.

进行批评，党的领导人要认真听取群众的不同意见。这些体现了恩格斯对权力监督问题的思考。

列宁的无产阶级政党制度建设思想

在新的历史条件下，列宁在领导俄国革命和建立无产阶级政权的过程中，对马克思和恩格斯的无产阶级政党制度建设思想进行了完善和发展，进一步丰富了马克思主义无产阶级政党制度建设思想，留下了许多宝贵经验。

坚持并维护无产阶级政党的领导权。建党初期，列宁为同党内以马尔托夫为首的机会主义者进行斗争，揭露孟什维克的错误观点，发表了《进一步，退两步（我们党内的危机）》，强调了维护党的集中统一和中央权威的极端重要性，"我们容纳真正的社会民主党人的党组织愈坚强，党内的动摇性和不坚定性愈少，党对于在它周围的、受它领导的工人群众的影响也就会愈加广泛、全面、巨大和有效"[①]。列宁还强调了必须要贯彻集中制，要有统一的党章和统一的纪律来建立严密统一的党。苏维埃国家政权建立后，1917年8月，列宁在《国家与革命》一书中强调，党是社会主义事业的领导者，要坚持无产阶级专政理论。1919年3月，布尔什维克召开第八次代表大会，列宁在"关于组织问题"的决议中继续强调党应该领导苏维埃，批评了否定党的领导的思想倾向。1921年3月，布尔什维克第十次代表大会召开，这次大会继续强调要加强集体领导，保持全党行动的统一。

阐释并发展民主集中制。马克思和恩格斯时期，民主集中制已经萌芽，但其概念的正式提出和阐释是在列宁时期。革命初期，党内分

---

① 列宁选集（第一卷）[M]. 北京：人民出版社，2012：473.

散现象十分突出，革命环境也非常艰难，列宁认为此时党内条件还不适合采取广泛的民主，应首先保障中央对地方的领导、对党员的指挥，所以应确立原则性思想贯穿全党。因此，列宁在《我们当前的任务》一文中提出将"集中制"作为指导原则。随着革命形势的好转，列宁认为党内应发展相对自由民主的政治环境。1905年12月，俄国社会民主工党第三次代表大会会议通过的决议中首次提出了"民主集中制"这一概念。1906年，俄国社会民主工党第四次代表大会通过的新党章首次提出要在党内实行民主集中制原则。1917年，布尔什维克第六次代表大会通过的新党章规定，党的各级组织应当按照民主集中制原则来建立。

重视并健全党内监督。早在1895年，列宁就在《社会民主党纲领草案及其说明》一文中提出，要废除官僚特权。1921年，俄共（布）十大规定，监委与党委平等地行使职权，体现了列宁对党内监督的重视。列宁还非常注重党与人民群众的联系。1922年，列宁在俄共（布）第十一次代表大会上指出："在人民群众中，我们毕竟是沧海一粟，只有我们正确地表达人民的想法，我们才能管理。否则共产党就不能率领无产阶级，而无产阶级就不能率领群众，整个机器就要散架。"[①] 1922年12月至1923年3月，列宁向党中央写了很多书信，继续强调要克服官僚主义，对国家机关进行改革，实行监察和监督，改革工作作风。

中国共产党人关于党的制度建设的论述

中国共产党人在继承马克思、恩格斯和列宁等马克思主义经典作

---

① 列宁选集（第四卷）[M]. 北京：人民出版社，2012：695.

第一章 制度治党的理论渊源

家关于无产阶级政党制度建设思想的基础上，将马克思主义基本原理同中国具体实际相结合、同中华优秀传统文化相结合，探索出一套符合中国国情的无产阶级政党建设道路和建设理论，以及与之相配套的无产阶级政党制度建设理论，丰富和发展了马克思主义政党制度建设思想。

毛泽东不仅高度重视从思想上建党，而且非常注重党的制度建设，对中国共产党的制度建设进行了积极探索。1928年11月，毛泽东在《井冈山的斗争》一文中指出："红军所以艰难奋战而不溃散，'支部建在连上'是一个重要原因。"① 这指出了在军队中进行组织建设和制度建设的必要性。1929年12月，毛泽东在古田会议上指出，"红军党内最迫切的问题，要算是教育的问题"②，并且"红军的宣传工作是红军第一个重大工作"③，指出了当时党内和军内的教育和宣传问题。1948年9月，毛泽东在《关于健全党委制》一文中指出："党委制是保证集体领导、防止个人包办的党的重要制度。"④ 1957年3月，毛泽东在《坚持艰苦奋斗，密切联系群众》一文中强调："共产党就是要奋斗，就是要全心全意为人民服务，不要半心半意或者三分之二的心三分之二的意为人民服务。"⑤ 这体现了毛泽东对党的作风建设的重视。1962年1月至2月，在七千人大会上，毛泽东阐述了民主集中制的问题，强调无论党内外都要过好民主生活，认真实行民主集中制。可见，毛泽东非常注重以制度来保障党的集中统一和优良作风。

邓小平在改革开放的时代背景下，提出了从制度上建党的新思

---

① 毛泽东选集（第一卷）[M]. 北京：人民出版社，1991：65-66.
② 毛泽东文集（第一卷）[M]. 北京：人民出版社，1993：94.
③ 毛泽东文集（第一卷）[M]. 北京：人民出版社，1993：96.
④ 毛泽东选集（第四卷）[M]. 北京：人民出版社，1991：1340.
⑤ 毛泽东文集（第七卷）[M]. 北京：人民出版社，1999：285.

路。在总结历史经验和教训的基础上,邓小平深刻认识到只有通过制度才能从根本上消除党和国家的问题。1980年8月18日,他在中共中央政治局扩大会议上作了《党和国家领导制度的改革》的讲话,强调:"不是说个人没有责任,而是说领导制度、组织制度问题更带有根本性、全局性、稳定性和长期性。这种制度问题,关系到党和国家是否改变颜色,必须引起全党的高度重视。""这些方面的制度好可以使坏人无法任意横行,制度不好可以使好人无法充分做好事,甚至会走向反面。"① 这一论述使全党形成了党的制度建设具有根本性地位的初步共识。邓小平也非常重视对党章和民主集中制的维护。他多次关心并参与党章的修改工作,强调:"谁也不能违反党章党纪,不管谁违反,都要受到纪律处分,也不许任何人干扰党纪的执行,不许任何违反党纪的人逍遥于纪律制裁之外。"② 邓小平非常坚持民主集中制,指出"民主集中制是党和国家的最根本的制度,也是我们传统的制度。坚持这个传统的制度,并且使它更加完善起来,是十分重要的事情,是关系我们党和国家命运的事情"③。邓小平对党的制度建设的认识更为深刻,理论也更系统,走出了一条靠改革和制度建设来管党治党的新路子,具有一定的独创性和时代性。

江泽民进一步发展、完善了党的制度建设,并取得了突破性进展。江泽民的制度建设思想更为系统,注重构建党的制度体系,为党的制度建设构建了一个比较完整的框架。江泽民强调要始终坚持党的根本制度,指出"民主集中制和党的政治路线是相互作用、相互影响的。一般说来,什么时候政治路线正确,民主集中制的贯彻执行也比较好;

---

① 邓小平文选(第二卷)[M]. 北京:人民出版社,1994:333.
② 邓小平文选(第二卷)[M]. 北京:人民出版社,1994:332.
③ 邓小平文选(第一卷)[M]. 北京:人民出版社,1994:312.

反过来，什么时候正确地贯彻了民主集中制和集体领导原则，党的路线和政策就较少出现偏差，即使出现了也易于纠正"①。江泽民也重视完善各项具体制度和配套制度，指出"现在发生的一些违反民主集中制的不正常现象，有许多并不是无章可循造成的，要很好地分析原因。解决贯彻民主集中制存在的问题，根本的是靠加强制度建设，这包括需要制定新规矩的要制定，制度不够完善的要完善；也包括已有的正确的规则要认真执行"②。在总结党的制度建设经验的基础上，江泽民也非常重视完善党的保障监督制度，指出"总结多年的实践经验，从严治党，关键在于建立起一整套便利、管用、有约束力的机制，使党的各级组织对党员、干部实行有效的管理和监督，及时发现矛盾、解决问题，使党的肌体始终保持健康"③。2002年11月，江泽民在党的十六大报告中，明确提出"一定要把思想建设、组织建设和作风建设有机结合起来，把制度建设贯穿其中"④。这表明他对党的制度建设的重要性，以及党的制度建设与党的其他各项建设的关系，有了更为深刻的认识。

胡锦涛牢牢把握住加强党的执政能力建设，以党的先进性、纯洁性建设为主线，对党的制度建设继续发展完善，取得了瞩目的成果。胡锦涛将党的制度建设作为一个系统工程，认为单靠某个措施和某个单项制度是解决不了问题的，必须注重制度建设的系统性、协调性和科学性。2011年7月1日，在《在庆祝中国共产党成立90周年大会上的讲话》中，胡锦涛指出："必须始终把制度建设贯穿党的思想建设、组织建设、作风建设和反腐倡廉建设之中，坚持突出重点、整体推进，

---

① 江泽民. 论党的建设[M]. 北京：中央文献出版社，2001：13.
② 江泽民论有中国特色社会主义（专题摘编）[M]. 北京：中央文献出版社，2002：593-594.
③ 江泽民. 论党的建设[M]. 北京：中央文献出版社，2001：374.
④ 十六大以来重要文献选编（上）[M]. 北京：中央文献出版社，2005：612.

继承传统、大胆创新，构建内容协调、程序严密、配套完备、有效管用的制度体系。"① 同时，胡锦涛也非常注重培养党员制度意识，严格制度执行。2010 年 1 月 12 日，胡锦涛在十七届中纪委五次全会上发表讲话时指出，"如果广大党员、干部没有牢固树立制度意识，不能自觉遵守和维护制度，再多再好的制度最终也只能是摆设"②，"要建立健全制度执行的监督机制，每项制度都要明确监督执行的责任部门，使制度执行的监督责任无可推卸，采用日常督查和专项检查等方式随时掌握制度执行情况，及时发现和解决问题"③。

习近平总书记紧紧围绕全面从严治党这一主线，坚持党要管党、从严治党，着眼于党的建设新的伟大工程，正式提出了"制度治党"这一方略；并从加快完善党内法规制度体系建设、增强制度执行力、强化对权力的监督制约、推进思想建党和制度治党紧密结合这四个方面，对制度治党思想进行了阐释。

一要注重党内法规制度的系统性、针对性和科学性，特别是要注重党内法规与国家法律的协调性。习近平总书记强调，"坚持制度治党、依规治党，以党章为根本，以民主集中制为核心，完善党内法规制度体系，增强党内法规权威性和执行力，形成坚持真理、修正错误、发现问题、纠正偏差的机制"④。"要完善党内法规制定体制机制，注重党内法规同国家法律的衔接和协调，构建以党章为根本、若干配套党内法规为支撑的党内法规制度体系，提高党内法规执行力。"⑤ "要健全完善制度，以党章为根本遵循，本着于法周延、于事有效的原则，制定

---

① 十七大以来重要文献选编（下）[M]. 北京：中央文献出版社，2013：443.
② 胡锦涛文选（第三卷）[M]. 北京：人民出版社，2016：306.
③ 胡锦涛文选（第三卷）[M]. 北京：人民出版社，2016：306-307.
④ 习近平. 高举中国特色社会主义伟大旗帜 为全面建设社会主义现代化国家而团结奋斗——在中国共产党第二十次全国代表大会上的报告 [M]. 北京：人民出版社，2022：65-66.
⑤ 习近平谈治国理政（第二卷）[M]. 北京：外文出版社，2017：119.

新的法规制度，完善已有的法规制度，废止不适应的法规制度，健全党内规则体系，扎紧党纪党规的笼子。"①

二要增强制度执行力，让制度和纪律成为带电的"高压线"。习近平总书记指出，"执行党的纪律不能有任何含糊，不能让党纪党规成为'纸老虎'、'稻草人'，造成'破窗效应'"②。"要狠抓制度执行，扎牢制度篱笆，真正让铁规发力、让禁令生威。"③ 并且强调要注重增强领导干部的制度意识，让领导干部带头做遵纪守法的榜样。

三要强化对权力的制约监督，真正"把权力关进制度的笼子里"④。习近平总书记强调："健全党统一领导、全面覆盖、权威高效的监督体系，完善权力监督制约机制，以党内监督为主导，促进各类监督贯通协调，让权力在阳光下运行。推进政治监督具体化、精准化、常态化，增强对'一把手'和领导班子监督实效。"⑤ "我们要健全权力运行制约和监督体系，有权必有责，用权受监督，失职要问责，违法要追究，保证人民赋予的权力始终用来为人民谋利益。"⑥

四要把思想建党与制度治党紧密结合起来。习近平总书记在党的十九大报告中指出，"必须以党章为根本遵循，把党的政治建设摆在首位，思想建党和制度治党同向发力，统筹推进党的各项建设"⑦。习近平

---

① 习近平.在第十八届中央纪律检查委员会第六次全体会议上的讲话[M].北京：人民出版社，2016：18.
② 习近平关于严明党的纪律和规矩论述摘编[M].北京：中央文献出版社、中国方正出版社，2016：79.
③ 习近平关于党风廉政建设和反腐败斗争论述摘编[M].北京：中央文献出版社、中国方正出版社，2015：127.
④ 习近平关于全面从严治党论述摘编[M].北京：中央文献出版社，2016：200.
⑤ 习近平.高举中国特色社会主义伟大旗帜 为全面建设社会主义现代化国家而团结奋斗——在中国共产党第二十次全国代表大会上的报告[M].北京：人民出版社，2022：66.
⑥ 习近平关于党风廉政建设和反腐败斗争论述摘编[M].北京：中央文献出版社、中国方正出版社，2015：121.
⑦ 习近平.决胜全面建成小康社会 夺取新时代中国特色社会主义伟大胜利——在中国共产党第十九次全国代表大会上的报告[M].北京：人民出版社，2017：26.

总书记在党的群众路线教育实践活动总结大会上指出:"坚持思想建党和制度治党紧密结合","从严治党靠教育,也靠制度,二者一柔一刚,要同向发力、同时发力"。①

中华优秀传统文化中的政治思想

习近平总书记指出:"一个国家的治理体系和治理能力是与这个国家的历史传承和文化传统密切相关的。解决中国的问题只能在中国大地上探寻适合自己的道路和办法。"② 中华民族在五千年发展历程中,创造了博大精深、内涵丰富的中华优秀传统文化,其中的政治思想不仅对中国政治发展道路和政治制度产生了深远影响,也为新时代制度治党的理论与实践提供了丰富资源。

中华优秀传统文化中蕴含着丰富的法治思想,彰显了中华民族的伟大创造力和中华法制文明的深厚底蕴,作为治国之重器,中国古代社会十分重视其在国家治理中的作用

早在春秋战国时期,就出现了一系列法治思想。管仲坚持"以法治国"的观点,主张人的行为规范应当以立法形式进行明确规定,提出:"法者,天下之程式也,万事之仪表也。"(《管子·禁藏》)墨子尊崇法制,认为"天下从事者,不可以无法仪,无法仪而其事能成者无有也。"(《墨子·法仪》)这就是说治理天下不可无法。秦朝"以法为本",坚持"法者,行之以定之",推行法家治国思想,构建了影响中国封建社会两千余年的政治制度和法律体系,开创了中国法制社会

---

① 习近平关于全面从严治党论述摘编 [M]. 北京:中央文献出版社,2016:104.
② 习近平关于协调推进"四个全面"战略布局论述摘编 [M]. 北京:中央文献出版社,2015:84.

的先河。汉朝制定《律令》，对法律进行了明确的规范。到隋唐时期，《唐律疏议》的制定和实施标志着传统法治思想的成熟。《旧唐书·戴胄传》有言："法者，国家所以布大信于天下。"法的严肃性及威信性也愈发被重视。后经过宋元明清近千年的发展，法治思想不仅融入国家治理的实践中，也逐渐成为中华民族代代相传的价值理念。

古代中国经过数千年的发展，具有丰富的法治思想与法制建设经验。在党的制度建设中，可以从中汲取经验，推动制度治党进一步成熟。

中国沿袭上千年的礼治思想，十分注重法德合一

作为中国古代社会治理的重要工具，"礼"对古代中国社会普通百姓的道德教化和社会治理起到了强大的推进作用，也在维护伦理秩序和社会秩序中发挥着重要作用。梁启超说："原始社会者，礼治社会也，举凡宗教道德惯习法律，悉举而包诸礼仪之中……礼之者，行为之有形的规范，而道德之表彰于外者也。……古上自君臣父子兄弟夫妇朋友，下逮冠昏丧祭宫室衣服饮食器具言语容貌进退，凡一切人事，无大无小，而悉纳入于礼之范围。"① 春秋时期，孔子通过总结和反思夏、商、周三代的文化遗产，继承和发展了古老的"礼"观念，赋予其新的思想内涵，创造性地建立起一套以"礼"为核心价值观念的儒家思想体系。儒家倡导"礼治"，将"礼"视为自然法则在人类社会的体现，即国家治理、社会活动、人际交往等的原则遵循。《论语·尧曰》有云："不知礼，无以立也。"礼是生存立足的基础要求，有违礼制的人是无法生存的。在儒家看来，必须做到"非礼勿视，非礼勿听，非礼勿言，

---

① 梁启超. 梁启超论中国法制史 [M]. 北京：商务印书馆，2012：48.

非礼勿动。"(《论语·颜渊》)从其覆盖范围与认可程度来看,"礼"就是规定了社会活动规范的法律文书,是更加宽泛和柔性的约束。

受制于其产生的时代条件与社会现实,传统"礼治"思想具有一定局限性,但不可否认其对制度治党的借鉴性。党的制度建设参考的并非是"礼治"思想在封建礼教意义上的内容,而是在其无所不在的制度形式上加以借鉴,使制度与法律形成互补,从硬规定与软约束上增强对党员的管理与监督。

吏治成败关乎国家盛衰兴亡,治国必先治吏的吏治观念,成为中国古代思想家、政治家共同认可的治国经验

儒家认为,吏治在治国中有着举足轻重的地位,贤吏可以依其德智和远见卓识制定合适的政策,维护社会稳定,保障民众的正常生活。《新唐书·循吏传》有言:"治者,君也;求所以治者,民也;推君之治而济之民,吏也。故吏良,则法平政成;不良,则王道弛而败矣。"从君、吏、民三者在国家治理中的位置和作用分析吏治的重要性,特别是良吏在国家治理中的突出地位。在官吏选拔上,坚持"唯才是举""察吏于民","为官择人者治,为人择官者乱"(《便宜十六策·举措》)。这就是说选官用人注重的是官吏的实际能力。同时,"举贤良,务功劳,布德惠,则贤人进"(《管子·五辅》)。这就是说,要想多举贤良,就要为官吏人才的选拔提供良好的政治环境;合理、完善的选官制度、激励机制则成为循吏有力的制度保障。从古代官吏考核来看,其十分重视法治和制度的运用,这也促进了中国古代吏治考核制度体系的形成。韩非提出:"明主之所导制其臣者,二柄而已矣。二柄者,刑、德也。何谓刑、德?曰:杀戮之谓刑,庆赏之谓德。"(《韩非子·二柄》)这就是说严以治吏,既关注功过赏罚分明、以法为教,又坚持才德兼优、以廉德为本。在政治家、思想家强调对官吏的考课赏罚重要性的同时，封建王朝也不断将其合理思想融入各朝代职官法中，并使其完善定型。

我们党在制度建设中，将马克思主义基本原理同中华优秀传统文化相结合，在党员干部的选拔、培养及管理制度上不断改革完善，对其开展什么样的工作、怎样开展工作作出具有指导性和约束性的提示和规范，以建立一支高效廉洁的干部队伍，遏制腐败、维护国家稳定和促进社会发展。

中国古代比较重视对官员的监察，并在不断实践中形成了较为完善的监察制度

我国从原始社会晚期到春秋战国时期，就有监督和谏议活动，这成为后世言谏制度的历史基础。

从监察方式上，先秦时期"继承了原始社会的巡狩制经验，设立了方伯的职位，通过方伯对称臣纳贡的诸侯进行监察，帮助天子了解诸侯动态"[①]，出现了监察制度的萌芽；秦汉时期将皇帝巡行与监御史相结合，构成了监察制度的雏形。经过不断发展，监察制度日益成熟。到明清时期，监察制度和监察方法更加多样，达到了成熟阶段。

从监察律法上，两晋时期的《察长吏八条》、隋朝的《司隶六条》、唐朝《六察法》、宋朝《监司互察诏》、明朝《御史回道考察法》及清朝《钦定台规》《都察院则例》等法规，标示了中国古代监察制度的不断完善。由于发展时期及当下所面临的具体社会情况不同，这些制度在具体途径和呈现方式上有不同的体现，但也都从任务、方式、权限等方面作出了具体的规定，呈现出了监察独立性、制度化、专业化的

---

① 贺清龙.古代巡视制度史话[M].北京：中国方正出版社，2016：5.

发展趋势。

我国古代监察制度是中国古代政治制度中独具特色的部分，在不同时期呈现出不同的具体监察路径，但是其本质都是查处腐败官员、任用廉政之才，在不同时期、不同程度上都对维持国家与社会的安定和谐起到了不可替代的作用。对于中国古代监察思想，必须取其精华、去其糟粕，为新时代的监察制度改革提供历史镜鉴。

世界主要政党制度治党的经验

世界其他主要政党的政党类型、政党环境、政党理念和中国共产党是有本质区别的，但各国政党探索用制度管党治党的有益经验和做法，对于新时代中国共产党推进制度治党也具有一定的借鉴作用。

对于发达国家来说，其制度治党主要体现在党内监督制度、党的会议制度、党的干部制度等方面。在党内监督制度方面，许多欧美政党通过设立督导专员制度（也称党鞭），来加强对党员的管理工作，促进本党行动上的协调性，保证本党决策的实现。例如，英国工党在选举中通过推行"三线文书法"，以保证绝大多数议员能够按照工党意志去投票。在党的会议制度方面，加拿大进步保守党在全国执行部（类似于中央委员会）内设立筹划指导委员会，作为党的全国大会闭会期间的最高权力机构，这个最高权力机构使党的全国大会在闭会期间仍可较好地发挥作用。在党的干部制度方面，新加坡人民行动党强调干部党员必须对党忠诚，成立国家青年领袖训练学院，作为培养本党青年领袖的机构，专门负责培养人民行动党的干部党员。

对于发展中国家来说，其制度治党主要体现在党纪监督、对党员干部的行为监督、维护党的纲领、严格党内生活和完善相关配套制度等方面。例如,在对党员干部的行为监督方面,古巴共产党设立中央、省、市三级监督和检查委员会以及相应的申诉委员会,对党内各种类型的违纪行为实施监督和处置,重点对党员干部违反党章和党内政治生活行为进行监督,同时对党员干部的正当权利予以必要的矫正和保护。在维护党的纲领方面,墨西哥革命制度党为赢得政党竞选,要求党的领导干部在履行自身职责时要符合党的行动纲领和竞选纲领,以此规范其管理工作。在完善配套制度方面,越南共产党高度重视党的民主集中制建设,确保党的团结统一,先后制定颁布了《关于执行党章的决定》《党的选举规则》《关于党内质询制度的规定》等党规,建立和完善党的各级代表大会制、中央委员会工作制、党内选举制等制度规范,为贯彻民主集中制提供了制度保障。

第二章

制度治党的时代背景

第二章　制度治党的时代背景

我们正处在世界百年未有之大变局和中华民族伟大复兴战略全局的历史交汇期，这是我们全面建设社会主义现代化国家的基本依据和基本出发点。处在实现第二个百年奋斗目标的关键时期，中国共产党必须统筹世界百年未有之大变局和中华民族伟大复兴战略全局，深刻认识我国社会主要矛盾变化带来的新特征新要求，深刻认识错综复杂的国际环境带来的新矛盾新挑战，增强机遇意识和风险意识，在危机中育先机、于变局中开新局。这就要求中国共产党必须着眼于提升自身领导能力和执政水平，勇于自我革命，深入推进全面从严治党。制度治党是中国共产党加强政党治理、提升治理能力的重要举措，是中国共产党立足于新的时代方位，为应对新的形势、任务、目标而提出的管党治党新理念。

世界正经历百年未有之大变局

"放眼世界，我们面对的是百年未有之大变局。"[1] 这是习近平总书

---

[1] 习近平谈治国理政（第三卷）[M]. 北京：外文出版社，2020：421.

记立足于国际国内形势，以宏阔的世界历史视野作出的重大战略判断。在党的十九届五中全会上，习近平总书记再次强调："从国际看，世界百年未有之大变局进入加速演变期，国际环境日趋错综复杂。一方面，和平与发展仍然是时代主题，新一轮科技革命和产业变革深入发展，国际力量对比深刻调整，人类命运共同体理念深入人心。另一方面，国际形势不稳定性不确定性明显增加，新冠肺炎疫情大流行影响广泛深远，经济全球化遭遇逆流，民粹主义、排外主义抬头，单边主义、保护主义、霸权主义对世界和平与发展构成威胁，国际经济、科技、文化、安全、政治等格局都在发生深刻复杂变化。"① 中国共产党作为中国特色社会主义事业的领导核心，必须深刻理解百年未有之大变局的内涵，通过完善制度治党，提高自身的执政能力，改进执政方式，才能在错综复杂的国内外局势中带领中国人民积极稳妥应对大变局带来的挑战，抓住大变局带来的机遇。

国际政治格局正处于加速演变之中

在这一历史性大变局之下，国际格局深度演变，国际体系力量对比发生重大变化，主要表现为"东升西降"的发展趋势，世界的中心正在发生转移。

一方面，以美国为代表的西方发达国家整体上呈现下降的趋势。产生这种下降趋势的原因是西方发达国家治理能力不足，参与全球治理的意愿逐渐消退，出现了逆全球化的保护主义和传统国家主义的倾向。2008年经济危机以来，西方国家经济始终呈现低迷状态，导致国

---

① 习近平谈治国理政（第四卷）[M]. 北京：外文出版社，2022：119-120.

内不平等、不平衡问题加剧，社会分裂更加严重，以美国为首的发达经济体面临前所未有的政治、经济、社会危机。加之，新冠疫情在全球肆虐时，更是暴露出西方发达国家的体制缺陷和治理能力不足的问题。例如，美国的新冠疫情疯狂肆虐时，美国政府却掩盖真实情况，散播反智主义的虚假信息，将抗疫问题政治化、抗疫措施货币化。美国国内党派斗争激烈，社会撕裂加剧，普通民众和底层人民大规模失业，成为抗疫失败的牺牲品。美国将疫情高度政治化，想尽办法污蔑中国，给中国"定罪"。美国完全没有担当起大国责任，大搞"疫苗民族主义"，肆意破坏全球抗疫。美国这些表现都大大损害了其国家实力和国际声誉，反证了自身体制的失灵、国力的衰减。近年来，美国在"美国优先"理念的指导下，先后退出了一些联合国机构和经济组织，频繁的"退群"行为表明，美国参与全球治理意愿的消退、治理能力的降低和国家实力的衰退。

另一方面，随着西方发达国家对世界领导力量的减弱，全球治理的权力结构发生了变化。习近平总书记指出："随着国际力量对比消长变化和全球性挑战日益增多，加强全球治理、推动全球治理体系变革是大势所趋。"[①] 以中国为代表的新兴经济体国家实力不断增加，参与全球治理改革的意愿不断增强，国际力量对比日趋均衡，中国等新兴经济体国家越来越成为引领世界发展的重要力量。例如，在抗击新冠疫情过程中，与一些国家只顾"自扫门前雪"的行为相比，中国呼吁各国人民共同护佑世界人民的生命和健康，共同构建人类卫生健康共同体，并且始终积极参与全球抗疫，同世界卫生组织积极沟通交流，与其他国家加强合作，共享数据信息，共同研究应对策略，以实际行

---

① 习近平谈治国理政（第二卷）[M]. 北京：外文出版社，2017：448.

动践行人类命运共同体这一理念,得到了国际社会的广泛认同,充分彰显了大国担当精神。新兴经济体国家随着经济实力增长,在全球治理中参与度增强。原来由西方世界主导的世界秩序结构中的规则逐渐松动,世界多极化趋势进一步发展,各国关系更加趋向民主化。

国际政治格局的变化为发展中国家带来了很多机遇,但是,我们也不能忽视当前国际格局的复杂多变给我国带来的挑战。大国博弈加剧,地缘政治竞争日益激烈,地缘博弈色彩增强,国际形势很不稳定。同时,资本主义与社会主义在意识形态领域的斗争日益复杂,我国在全球治理中的话语权还有待提高。在危机与先机相互交织的国际格局中,更加能够检验政党领导力的强弱。这要求中国共产党必须提升自身的领导能力,面对风高浪急的国际环境和艰巨繁重的国内改革发展稳定任务时,能化解国内外各种风险,在风雨来袭时始终成为中国人民的主心骨。中国共产党要始终保持坚强的领导力,及时适应外部环境变化,就必须勇于自我革命,持续深入推进全面从严治党,提升制度治党能力。

国际经济格局处于历史性变革时期

新技术革命的迅速发展,使经济全球化成为不可逆转的潮流。伴随着人工智能、大数据、量子信息和生物工程等新兴科学技术的迅猛发展,人们的生产方式、生活方式和全球经济结构都发生了历史性变革。科学技术和生产方式的进步为经济全球化提供了物质基础和发展动力,经济全球化趋势不断增强,已然成为不可逆转的大潮流。经济全球化使生产社会化程度不断提高,带来了贸易、金融、企业生产经营的国际化,各国的经济联系日益加深,成为一个你中有我、我中有你的命运共同体。

经济全球化的影响之一就是使技术、资本、管理等生产要素在全球范围内充分涌流，得到优化配置，发展中国家得以引进先进的技术，扩大对外贸易，增强经济竞争力，促进自身的发展。所以说，科学技术的发展重塑了全球经济结构，使全球经济向均衡方向发展，为发展中国家的发展提供了战略机遇。以中国和印度为代表的一大批新兴经济体和发展中国家深刻影响并改变着世界经济格局。

中国越来越成为世界经济体系中举足轻重的重要经济体。改革开放以来，中国全面深化改革，着力发展开放型经济，积极推进"一带一路"框架下的国际交流合作，积极融入国际经济市场，取得了显著的发展成就，一跃成为世界第二大经济体。中国在重要制造业、新兴技术产业等方面显示出巨大的人力资源优势和市场优势，成为世界高新技术制造中心；科技期刊论文数量和专利发明创新成果显著增长，在基础研究领域取得显著进步，在人工智能、新材料、生物科技等前沿领域已占一席之地；在世界贸易中，中国货物进口额和出口额不断攀升，成为世界第一大货物出口国。回顾中国经济近三年（2020—2022）来的表现，2020年国内生产总值增长2.3%，是全球唯一实现正增长的主要经济体，2021年国内生产总值增长8.1%，经济规模占世界比重超过18%，2022年国内生产总值增长3%，经济规模占世界比重近18%，三年来年均增长4.5%，明显高于世界平均增长2%左右的水平。这些都显示出中国经济实力的增强和对世界经济增长的贡献，中国经济依然是世界经济增长的重要动力源。同时要看到，新冠疫情给全球经济带来沉重打击，美国以本国利益为中心对中国发动的贸易战给全球经济带来了极大的不稳定性。面对机遇与挑战，中国共产党既要把握难得的发展机遇期，又要增强应对挑战和危机的意识，运用战略思维统筹好国内国际两个大局。

文明交流互鉴重塑全球治理理念

文明交流互鉴强化了世界多元格局，文化霸权主义逐渐式微。冷战结束后，随着美国逐渐占据世界霸主的位置，美国开始宣传"普世价值"论来谋求文化主导权，以求进一步巩固国际地位，维护自身经济和政治利益。因此，西方特殊的观念逐渐被宣传为世界性的普遍原则。美国将自身的价值观上升为代表全人类政治发展的价值取向，对不接受"普世价值"的国家贴上"威权主义""极权主义"的标签，本质上就是一种文化霸权主义，目的是对别国进行意识形态控制。

随着科技的发展，信息传播方式发生巨大变化，打破了时空限制，不同民族和地区的人民交流日益加深。加之，一批新兴发展中国家不断发展壮大，开始挑战传统的全球治理格局，通过不断提升自身的国际话语权来表达价值意愿和利益诉求。所有这些，都使传统的以西方为中心的世界文化格局向文化多元化方向发展。世界上多种多样的文明成果、价值观念、意识形态相互融合碰撞，文明交流互鉴成为发展趋势。

"零和博弈"逐渐被"合作共赢"所取代，全球治理理念发生重大变化。以西方为主导的全球治理理念是一种"零和博弈"的思维，这是因为西方国家一切政治经济文明都是建立在资本主义私有制基础之上的，资本的本性决定了其文明形态也必然充斥着剥削和掠夺。因此，以美国为首的西方国家是以"零和博弈"思维来确立国家间交往的基本模式，以扩张和掠夺作为壮大自己的主要手段。但是，随着经济全球化和政治多极化的发展，全球问题的不确定性、复杂性和风险性不断攀升，二元对立思维越来越无法适应新形势，无法应对全球治理中的问题。只有秉持合作共赢、和而不同的新治理理念，积极构建多边合作体制，才能推动形成更加公平、公正的治理体系和治理格局。

习近平总书记指出："每一种文明都扎根于自己的生存土壤，凝聚着一个国家、一个民族的非凡智慧和精神追求，都有自己存在的价值。人类只有肤色语言之别，文明只有姹紫嫣红之别，但绝无高低优劣之分。认为自己的人种和文明高人一等，执意改造甚至取代其他文明，在认识上是愚蠢的，在做法上是灾难性的！"[1] 中国作为千年文明古国，自古以来就有着"和而不同""天下为公""各美其美""协和万邦"的思想。人类命运共同体就是这种优秀文明在当代的延伸，深刻体现着中国人"和平相处、互利共赢、包容互鉴、和谐发展"的精神基因，深刻体现着中国的大国责任感和担当精神。在文化多元化成为潮流的背景之下，我们必须摒弃"零和博弈"的思维，坚定维护多边主义，倡导合作共赢的新理念。中国共产党必须坚定自身的制度自信和文化自信，积极推进思想建党和制度治党的融合互动，积极构建自身独特的治理理念和治理方式，赋予制度治党以独特的内在价值，为其他国家发展提供借鉴。

中国正处于实现民族复兴关键期

当前，我国正处于实现中华民族伟大复兴的关键时期，这是中国共产党对国内发展总体形势作出的重要判断。中华民族伟大复兴迎来了愈加光明的发展前景，但也处于愈进愈难、任务艰巨的攻关期。中

---

[1] 习近平谈治国理政（第三卷）[M]. 北京：外文出版社，2020：468.

国共产党必须要统筹好中华民族伟大复兴战略全局和世界百年未有之大变局这"两个大局"，提升自身治国理政能力，创新治理方式，探索具有中国特色的制度治党之路。

我国社会主要矛盾发生历史性变化

党的十八大以来，中国特色社会主义进入新时代，在新的历史方位下，我国社会的主要矛盾也发生了重大变化。党的十九大明确指出："中国特色社会主义进入新时代，我国社会主要矛盾已经转化为人民日益增长的美好生活需要和不平衡不充分的发展之间的矛盾。"[①] 社会主要矛盾的变化，是关系全局的历史性变化。社会运行发展过程中所有矛盾都是由主要矛盾决定并从主要矛盾演化而来，正确认识社会主要矛盾的变化，是中国共产党正确把握人民利益、制定党的路线方针政策的基本前提和重要依据。

社会主要矛盾的变化，一方面表现为改革开放最大限度激活了我国经济的内在活力，我国取得了历史性成就。我国社会生产力水平总体上显著提高，经济总量稳居世界第二，民主法治和思想文化建设都取得重大进展，人民生活水平显著提高，在人均可支配收入、受教育程度、卫生医疗状况、社会保障体系等方面都有了实质性的改善。但随着人民生活水平的不断提高，人民对美好生活的向往更加强烈，对物质文化生活提出了更高的要求，期盼有更好的教育、更高的收入、更优美的环境、更丰富的生活，不再局限于物质需要的满足，而是进一步追求精神层次的获得感、幸福感和安全感，人民群众的需求呈现

[①] 习近平. 决胜全面建成小康社会　夺取新时代中国特色社会主义伟大胜利——在中国共产党第十九次全国代表大会上的报告 [M]. 北京：人民出版社，2017：11.

出多样化多层次多方面的特点。

社会主要矛盾的变化，另一方面表现为发展的不平衡不充分问题成为制约人民实现美好生活的主要因素，成为中国社会主要矛盾的主要方面。习近平总书记指出："当前，我国发展面临的主要问题是，创新能力不适应高质量发展要求，农业基础还不稳固，城乡区域发展和收入分配差距较大，生态环保任重道远，民生保障存在短板，社会治理还有弱项。归结起来，就是发展不平衡发展不充分。发展不平衡，主要是各区域各领域各方面存在失衡现象，制约了整体发展水平提升；发展不充分，主要是我国全面实现社会主义现代化还有相当长的路要走，发展任务仍然很重。"① 发展的不平衡和不充分是当前我国发展过程中面临的主要问题，需要绵绵用力、久久为功、持之以恒地加以解决。

经过全党全国各族人民持续奋斗，我们全面建成了小康社会，但这并不代表社会主要矛盾发生了变化，"全面建成小康社会，中国人民过上了好日子，但还不富足，人民日益增长的美好生活需要和不平衡不充分的发展之间的矛盾仍然存在"②。解决这一社会矛盾，仍然有很长的路要走，仍然需要付出长期艰苦的努力。为顺利实现第二个百年奋斗目标，带领全国人民继续向共同富裕迈进，中国共产党必须准确把握住社会主要矛盾并调整工作重心，着力解决发展不平衡不充分问题，更好地满足人民群众多方面、高层次的需求，正如习近平总书记指出的，"我们要坚持在发展中保障和改善民生，解决好人民最关心最直接最现实的利益问题，更好满足人民对美好生活的向往，推动人的全面发展、社会全面进步，努力促进全体人民共同富裕取得更为明显

---

① 习近平谈治国理政（第四卷）[M]. 北京：外文出版社，2022：120.
② 中华人民共和国国务院新闻办公室. 中国的全面小康 [N]. 人民日报，2021-09-29（10）.

的实质性进展"①。

党的领导是做好党和国家各项工作的根本保证。这要求中国共产党在改造客观世界的同时，改造自己的主观世界，以自我革命的精神把管党治党要求落实落细，以可靠的制度确保党全心全意为人民服务的根本宗旨始终不变，始终沿着正确的方向前进。

我国正处于并将长期处于社会主义初级阶段

我国正处于并将长期处于社会主义初级阶段，是当前我国的基本国情。习近平总书记在党的十九大报告中指出："必须认识到，我国社会主要矛盾的变化，没有改变我们对我国社会主义所处历史阶段的判断，我国仍处于并将长期处于社会主义初级阶段的基本国情没有变，我国是世界最大发展中国家的国际地位没有变。"②并强调，"全党要牢牢把握社会主义初级阶段这个基本国情，牢牢立足社会主义初级阶段这个最大实际"。③社会主义初级阶段是建设中国特色社会主义的总依据，必须深刻认识并牢牢立足这个最大实际才能正确制定路线方针政策，开展各项工作。

"社会主义初级阶段，是指我国在生产力落后、商品经济不发达条件下建设社会主义必然要经历的特定阶段。"④党的十八大以来，我国在全面深化改革上取得了重大突破，在经济、政治、文化、社会、生态文明、军事、外交等各个领域均取得了巨大成就，中国特色社会主义

---

① 习近平谈治国理政（第四卷）[M].北京：外文出版社，2022：121.
② 习近平.决胜全面建成小康社会 夺取新时代中国特色社会主义伟大胜利——在中国共产党第十九次全国代表大会上的报告[M].北京：人民出版社，2017：12.
③ 习近平.决胜全面建成小康社会 夺取新时代中国特色社会主义伟大胜利——在中国共产党第十九次全国代表大会上的报告[M].北京：人民出版社，2017：12.
④ 辛鸣.我国仍处于社会主义初级阶段[N].人民日报，2018-05-02（7）.

进入新时代，这都深刻体现了党和国家所处的发展阶段和历史方位发生了一定变化。但是必须明确，这些变化是社会主义初级阶段在不同发展时期展现出的阶段性特征，并没有从根本上超越社会主义初级阶段。这是因为，生产力水平是判定社会主义初级阶段的根本标准，我国目前的生产力水平尚未达到实现现代化的水平，我国目前还处于建设社会主义现代化强国的征程中。同时，我国在经济建设、政治建设、文化建设、社会建设、生态文明建设等诸多方面的发展状况也都存在一定的不足，面临不少困难和问题。从经济建设来看，我国"发展不平衡不充分问题仍然突出，推进高质量发展还有许多卡点瓶颈，科技创新能力还不强"[①]；从政治建设来看，我国的国家治理体系和治理能力还需不断改革和提高；从文化建设来看，我国的文化软实力、国际话语权还需进一步提高，意识形态领域工作还需加强；从社会建设上看，还需补齐社会建设的短板，促进社会向更加公平正义的方向发展；从生态文明建设上看，生态保护机制还有待健全，节约资源和环境保护的空间格局、产业结构、生产方式和生活方式还没有完全形成。综合来看，我国正处于并将长期处于社会主义初级阶段，仍然是一个发展中国家。

社会主要矛盾的变化意味着我国已站在新的历史起点上，但是社会主义初级阶段的不变意味着最终建成社会主义现代化强国，还必须继续经历长期且充分的量的积累过程。中国共产党必须把握好"变"与"不变"的辩证关系，通过完善制度治党，既形成把全局、管长远的战略安排，建立长期有效的发展机制，又要不断与时俱进，更新发展理念，转变发展方式，实现阶梯式递进发展。

---

① 习近平.高举中国特色社会主义伟大旗帜　为全面建设社会主义现代化国家而团结奋斗——在中国共产党第二十次全国代表大会上的报告[M].北京：人民出版社，2022：14.

中国特色社会主义进入新发展阶段

2021年7月1日,习近平总书记在庆祝中国共产党成立100周年大会上庄严宣告:"经过全党全国各族人民持续奋斗,我们实现了第一个百年奋斗目标,在中华大地上全面建成了小康社会,历史性地解决了绝对贫困问题,正在意气风发向着全面建成社会主义现代化强国的第二个百年奋斗目标迈进。"[①] 这表明,我国已经进入全面建设社会主义现代化国家、向第二个百年奋斗目标进军的第一个五年,中国特色社会主义进入新发展阶段。在新的发展阶段,我国将面临着新的机遇和新的挑战,迎来新的发展周期。

党的十九大报告制定和描绘了全面建成社会主义现代化强国的时间表、路线图,即在2020年全面建成小康社会、实现第一个百年奋斗目标的基础上,再奋斗15年,到2035年基本实现社会主义现代化;从2035年到本世纪中叶,在基本实现现代化的基础上,再奋斗15年,把我国建成富强民主文明和谐美丽的社会主义现代化强国。2020年是"十三五"规划的收官之年,实现了全面建成小康社会的目标,我国脱贫攻坚战取得了全面胜利,现行标准下9899万农村贫困人口全部脱贫,832个贫困县全部摘帽,12.8万个贫困村全部出列,区域性整体贫困得到解决,完成了消除绝对贫困的艰巨任务。进入"十四五"时期,我国进入一个新发展阶段,有了更高的经济社会发展目标,那就是全面建设社会主义现代化国家,向第二个百年奋斗目标进军。脱贫攻坚战的胜利为全体人民实现共同富裕奠定了坚实的基础,现在我们必须

[①] 习近平.在庆祝中国共产党成立100周年大会上的讲话[M].北京:人民出版社,2021:2.

把促进全体人民共同富裕摆在更加重要的位置上，把扎实推动共同富裕作为当前和今后的发展目标。进入"十四五"时期，我国的发展基础更加坚实，但是发展不平衡不充分的问题仍然突出。这要求我们必须把发展质量问题摆在更为突出的位置上，在经济、政治、社会、文化、生态文明等各领域都要体现高质量发展要求。

当前，我国正处于全面建成小康社会、实现第一个百年奋斗目标之后，乘势而上开启全面建设社会主义现代化国家新征程、向第二个百年奋斗目标进军的新发展阶段。中国共产党必须精准把握新发展阶段的新特征、新目标、新任务，围绕社会主义现代化建设大局，扎实推进自身制度化规范化法治化建设，实现政党治理现代化，以助推社会主义现代化建设。

中国共产党正处于全面从严治党深入推进期

习近平总书记在党的二十大报告中指出："经过十八大以来全面从严治党，我们解决了党内许多突出问题，但党面临的执政考验、改革开放考验、市场经济考验、外部环境考验将长期存在，精神懈怠危险、能力不足危险、脱离群众危险、消极腐败危险将长期存在。"[①] "特别是新形势下加强和改进党的建设面临'四大考验'、'四种危险'，落实党要管党、从严治党的任务比以往任何时候都更为繁重更为紧迫。"[②] 世情和国情的发展、事业的开拓、人民的期待，以及党的建设面临的新挑战，都对全面从严治党提出了更高的要求。中国共产党必须在深刻

[①] 习近平.高举中国特色社会主义伟大旗帜　为全面建设社会主义现代化国家而团结奋斗——在中国共产党第二十次全国代表大会上的报告[M].北京：人民出版社，2022：63-64.
[②] 习近平谈治国理政[M].北京：外文出版社，2014：15.

把握世情、国情、党情的基础上,以制度治党为关键抓手,全面推进党的建设新的伟大工程。

党面临的"四大考验"具有长期性和复杂性

"四大考验",是指执政考验、改革开放考验、市场经济考验、外部环境考验。中国特色社会主义进入新时代,中国正处于历史机遇期和矛盾凸显期,党面临的"四大考验"更具长期性和复杂性。

任何政党都面临着执政考验,经受住执政考验是应对其他考验的前提。中国共产党作为一个百年大党,在长期执政条件下积累了丰富的执政经验,在历史上的各个时期都能够以自我革命的勇气来确保立党为公、执政为民。但是,经受执政考验是一个长期的命题。新时代,人民对美好生活的向往、改革发展稳定、治党治国治军等各方面工作,都对中国共产党的执政能力提出了更高的要求。党内形式主义和官僚主义反复抬头,有的党员能力不足、责任感缺乏、素质不高等,这些都动摇着党的执政根基。如果中国共产党经受不住执政考验,就会面临政权颠覆的危险。因此,中国共产党必须增强忧患意识,加强自身执政能力建设。

改革开放考验,是中国共产党在新的历史条件下面临的重大考验。中国特色社会主义进入新时代,全面深化改革进入深水区和攻坚期,改革的范围越来越广、推进的力度越来越大、出台的措施越来越多,各种矛盾错综复杂,各个领域各条战线都需兼顾,许多问题牵一发而动全身。全面深化改革作为一个系统工程越来越具有复杂性和艰巨性,迫切需要宏观思考与顶层设计。同时,我国国家治理体系和治理能力相较于快速发展的经济还存在着不足,有些制度和体制机制尚不成熟、

第二章 制度治党的时代背景

尚未定型，治理能力也有待提升。中国共产党是改革开放的领导者和推动者。改革能否顺利进行，能否往维护社会公平正义、增进人民福祉的方向发展，关键在党。中国共产党不仅要拥有将改革开放进行到底的魄力，还要有引领全局、系统推进的定力。

市场经济考验，也是中国共产党面临的重要考验之一。建设中国特色社会主义市场经济，是改革开放以来我国经济建设的主题。中国共产党通过带领全国人民不断深化经济体制改革，实现了经济社会的快速全面发展。但是，当前我国社会主义市场经济体制还并不完善，经济发展中不平衡、不协调、不可持续等诸多问题明显存在。例如，市场与政府的关系还需进一步理顺，要素市场不够发达，区域间市场规则尚不统一，资金运行效率低下，创新能力不足。构建高水平的社会主义市场经济体制，对中国共产党而言是一个重大的挑战。同时，受市场经济的负面影响，有的党员干部无法抵挡物质利益带来的诱惑，享乐之风、奢侈之风、利益至上正在侵蚀着党的根基，损害着党的形象。

外部环境考验，是国际环境变化带来的重大考验。"当前，世界之变、时代之变、历史之变正以前所未有的方式展开。一方面，和平、发展、合作、共赢的历史潮流不可阻挡，人心所向、大势所趋决定了人类前途终归光明。另一方面，恃强凌弱、巧取豪夺、零和博弈等霸权霸道霸凌行径危害深重，和平赤字、发展赤字、安全赤字、治理赤字加重，人类社会面临前所未有的挑战。"[1]国际领域斗争日益激烈，单边主义、保护主义、霸权主义有所抬头，特别是美国为维护其全球霸权地位对中国的经济、科技进行遏制和打压，严重加剧了国际秩序的

---

[1] 习近平. 高举中国特色社会主义伟大旗帜 为全面建设社会主义现代化国家而团结奋斗——在中国共产党第二十次全国代表大会上的报告[M]. 北京：人民出版社，2022：60.

不稳定性和不确定性。社会主义意识形态领域斗争的复杂性，放大了社会经济安全问题向政治安全传导的风险性，西方国家利用舆论攻势不断贬损中国国家形象，根本目的在于颠覆中国共产党的领导和中国特色社会主义制度。新冠疫情全球蔓延的后遗症，也带来了一系列负面影响，加剧了全球的经济风险，使全球经济更加低迷，失业率的上升也引起了各国的社会动荡。所有这些，都使中国共产党应对风险的能力面临着重大考验。

党面临的"四大危险"具有尖锐性和严峻性

"四大危险"，是指精神懈怠危险、能力不足危险、脱离群众危险和消极腐败危险。中国共产党面临的这些危险严重威胁着党的执政地位，动摇着党的执政根基，可能会引发一系列的消极后果，具有尖锐性和严峻性。

精神懈怠危险会损害党的先进性。中国共产党的先进性，就体现在党始终把实现好、维护好、发展好最广大人民群众的根本利益作为自己的根本目的。习近平总书记指出："党的先进性和党的执政地位都不是一劳永逸、一成不变的，过去先进不等于现在先进，现在先进不等于永远先进；过去拥有不等于现在拥有，现在拥有不等于永远拥有。"① 但是，党内有的党员干部出现了精神懈怠的现象。由于长期处于和平发展年代，有的党员干部在安逸的生活中失去了奋斗的精神和动力，理想信念滑坡，对马克思主义不能做到真学真信，对中国特色社会主义空喊口号；有的宗旨意识和党性观念淡薄，导致脱离人民群

---

① 习近平谈治国理政 [M]. 北京：外文出版社，2014：367.

第二章　制度治党的时代背景

众，无法发挥先锋模范作用；有的担当意识不足、执行效率太低，致使党的路线方针政策大打折扣。这些现象危害着党员身心健康和党组织的可持续发展。

能力不足危险会削弱党的执政能力。执政能力是党的一项根本能力。当今复杂多变的国内外形势对党的执政能力提出了更高的要求。但是，党内有的党员干部还存在能力不足的危险，主要表现为：创新能力不足，无法驾驭社会主义市场经济带来的风险和挑战，面对快速发展的社会形势，无法做到与时俱进，灵活解决问题；政治能力不足，有的党员干部政治觉悟和政治素养偏低，不善于从政治上分析和解决问题，政治能力与所担任的职责并不匹配；学习能力不足，不愿意学习、不善于学习，导致理论基础薄弱，无法正确指导实践。这些危险会导致中国共产党执政能力不足。

脱离群众危险会动摇党的执政根基。脱离群众，是党在新形势下执政面临的最大危险。中国共产党的执政根基就在于人民，党最大政治优势也在于密切联系群众。正是靠着紧紧依靠人民、不断造福人民、牢牢植根人民的民本情怀，中国共产党才能取得今天稳固的执政地位。但是，党内还存在着官本位思想，有的官员过分陶醉于权力的虚荣感，而忽视了人民群众的利益需求，大搞政绩工程，离人民群众越来越远。同时，利益至上的思想也使有的党员干部将个人利益看得过高过重，利用职权为自己谋私利，而罔顾群众的利益和诉求，失去了为人民服务的初心。这些危险会削弱党的执政基础，使党面临着脱离群众的危险。

消极腐败危险会腐蚀党的健康肌体。习近平总书记在党的二十大报告中指出："腐败是危害党的生命力和战斗力的最大毒瘤，反腐败是最彻底的自我革命。只要存在腐败问题产生的土壤和条件，反腐败斗争就一刻不能停,必须永远吹冲锋号。"① 党的十八大以来,一系列铁腕反腐的政策相继出台,党中央以零容忍的态度惩治腐败,"我们开展了史无前例的反腐败斗争,以'得罪千百人、不负十四亿'的使命担当祛疴治乱,不敢腐、不能腐、不想腐一体推进,'打虎'、'拍蝇'、'猎狐'多管齐下,反腐败斗争取得压倒性胜利并全面巩固,消除了党、国家、军队内部存在的严重隐患,确保党和人民赋予的权力始终用来为人民谋幸福"②。经过新时代全面从严治党的革命性锻造,反腐败斗争已取得压倒性胜利并全面巩固。但是现阶段,党风廉政建设和反腐败斗争形势依然严峻复杂,党内滋生腐败的土壤依然存在,腐败现象还时有发生,有的党员干部对公权力的敬畏意识还有待提升,党内党外监督机制还有待健全。党风廉政建设是一项非常复杂的长期系统工程,中国共产党必须以反腐败斗争永远在路上、永远吹冲锋号的坚韧和执着来严肃对待腐败问题,唯此才能永葆党的肌体健康,才能确保党和国家长治久安。

党面临的"四风"问题具有顽固性和反复性

优良作风是我们党性质和宗旨的集中体现,是我们党区别于其他政党的显著标志,也是我们党克敌制胜的重要法宝。党风问题本质上是党性问题,是中国共产党与人民群众的关系问题,这个问题解决不好就会动摇党的执政根基。所以,中国共产党历来都十分重视作风建设。习近平总书记指出:"我们党始终强调,执政党的党风关系党的形

---

① 习近平. 高举中国特色社会主义伟大旗帜 为全面建设社会主义现代化国家而团结奋斗——在中国共产党第二十次全国代表大会上的报告 [M]. 北京:人民出版社,2022:69.
② 习近平. 高举中国特色社会主义伟大旗帜 为全面建设社会主义现代化国家而团结奋斗——在中国共产党第二十次全国代表大会上的报告 [M]. 北京:人民出版社,2022:13-14.

第二章 制度治党的时代背景

象,关系人心向背,关系党和国家生死存亡。"① 当前,加强党的作风建设就是要坚持以严的基调强化正风肃纪,以反对、整治"四风"问题为切入点。

所谓"四风",即形式主义、官僚主义、享乐主义和奢靡之风,是当前人民群众最深恶痛绝、反映最强烈的问题,也是损害党群关系最大的根源。如果不对"四风"问题重拳出击,那么党不仅会失去人心,而且无法有效应对"四大危险"和"四大考验"。所以,必须以"四风"问题为切入点,加强党的作风建设。党的十八大以来,以习近平同志为核心的党中央高度重视并以雷厉风行之势狠抓作风建设。中央八项规定精神不断落地生根,在整治"四风"顽疾上取得了明显的阶段性成效,刹住了一些长期没有刹住的歪风,纠治了一些多年未除的顽瘴痼疾,党内风气发生显著变化,党心民心为之一振。

"四风"问题从整体上呈现出根本好转的趋势,但是"四风"仍未根本铲除,仍然有党员干部翻新花样、打擦边球、钻空子,"一些党员、干部缺乏担当精神,斗争本领不强,实干精神不足,形式主义、官僚主义现象仍较突出"②,让"四风"问题以不易察觉的方式潜在蔓延。例如:在新冠疫情期间,仍然有干部频频登上"热搜",原因或是履职不力、弄虚作假,或是对群众"用特权""甩脸子""搞特殊"。在精准扶贫过程中,为一蹴而就取得成果,应付上级目标,有人大搞面子工程和形式主义,不仅劳民伤财而且损害了政府公信力;有人给基层持续加压,安排过多繁重且无用的工作。有的党员干部吃吃喝喝的小圈子也更加隐蔽,逐步转移到不易察觉的农家乐、城乡接合部、个人家庭

---

① 习近平谈治国理政 [M]. 北京:外文出版社,2014:366.
② 习近平.高举中国特色社会主义伟大旗帜 为全面建设社会主义现代化国家而团结奋斗——在中国共产党第二十次全国代表大会上的报告 [M]. 北京:人民出版社,2022:14.

等隐蔽场所。违规受贿、报销、收回扣的手段也不断翻新，或是打着公共活动的名目走明暗两条线，或是巧立名目滥发效绩津贴。这些都是"四风"问题在新环境下的表现，这些隐蔽的小动作正在一点一点侵蚀着党的健康肌体，如不加以整治就会发展为大的贪污腐败，产生堤溃蚁穴的可怕后果。

"四风"问题具有顽固性和反复性，在新的环境下不断隐形变异。作风建设必须驰而不息、常抓不懈，一个节点一个节点坚守，一个阶段一个阶段推进。纠正"四风"不能止步，作风建设永远在路上。解决"四风"问题离不开制度保障，只有充分发挥党章党规的刚性约束作用，才能让形式主义、官僚主义、享乐主义和奢靡之风在制度的威严下无处遁形。

第三章

制度治党的原则和内容

| 第三章 制度治党的原则和内容 |

党的十八大以来，以习近平同志为核心的党中央高度重视制度治党，把制度治党作为全面从严治党的治本之策和重要抓手，制定党内法规步伐明显加快，先后出台了一批标志性、关键性、基础性的党内法规制度。党内法规制度体系的"四梁八柱"基本立起来了，总体上实现了有制可依。新时代中国共产党管党治党面对互联网广泛运用、全球一体化趋势、思想文化多元交织等特征，面临党的自身建设一系列新情况新问题新挑战，确保制度治党行稳致远，不偏离既定方向，就要坚持固定的原则。进入新时代，随着中国共产党制度治党理论与实践不断发展，其内容也不断丰富，概括起来就是将制度建设贯穿党的建设伟大工程、以党的政治建设统领党的其他建设、严明党的纪律重视制度的执行、推动党的作风建设制度化、坚持思想建党与制度治党紧密结合等五个方面。

新时代中国共产党制度治党的原则

中国共产党进行制度治党，必须按照一定的原则进行，只有这样才能保证管党治党的合法性和科学性。新时代中国共产党制度治党主要遵循坚持党的领导、坚持问题导向、坚持系统全面、坚持守正创新、坚持党纪严于国法等原则。中国共产党制度治党要坚持社会主义方向，必须坚持党的领导；要有针对性的举措，必须坚持问题导向；要从整体上解决存在的问题，必须坚持系统全面；要使理论既有继承又与时俱进，必须坚持守正创新；要严格约束党组织和党员，必须坚持党纪严于国法。

坚持党的领导

"办好中国的事情，关键在党。中国特色社会主义最本质的特征是中国共产党领导，中国特色社会主义制度的最大优势是中国共产党领导。"[①] 习近平总书记在十九届中央纪委六次全会上指出："坚持党中央集中统一领导。必须把全面从严治党作为重大而严肃的政治任务，在党中央集中统一领导下扎实有序推进，把坚持党的全面领导贯彻到管党治党全部工作之中，确保党牢牢把握反腐败斗争主动权，以党的永不变质确保红色江山永不变色。"[②] 党的领导"是党和国家的根本所在、命脉所在，是全国各族人民的利益所系、命运所系"[③]。

新时代推进制度治党，坚持党的领导具有深厚的理论逻辑、历史逻辑和实践逻辑，必须在坚持和加强党的领导上旗帜鲜明、恪守原则。

坚持党的领导的理论逻辑方面

马克思恩格斯在指导无产阶级运动中指出："没有权威，就不可能

---

① 十八大以来重要文献选编（下）[M]. 北京：中央文献出版社，2018：355.
② 习近平. 全面从严治党探索出依靠党的自我革命跳出历史周期率的成功路径[J]. 求是，2023（3）.
③ 习近平谈治国理政（第四卷）[M]. 北京：外文出版社，2022：8.

有任何的一致行动。"①强调政党作为夺取或影响国家政权而组成的政治组织，要发挥领导和核心作用。《共产党宣言》在论述不同民族的无产者的斗争时，提出"在实践方面，共产党人是各国工人政党中最坚决的、始终起推动作用的部分；在理论方面，他们胜过其余无产阶级群众的地方在于他们了解无产阶级运动的条件、进程和一般结果"②。这就决定了共产党是最先进和革命的政党组织，也是最有资格和能力领导无产阶级革命运动的政党组织。列宁在指导俄国革命和布尔什维克建设的过程中，反复强调坚持党的领导问题，提出"任何革命运动，如果没有一种稳定的和能够保持继承性的领导者组织，就不能持久"③。俄国革命胜利后，他指出党的领导是"对苏维埃国家的全部政策实行总的领导和指导"④，强调党的领导对无产阶级的革命事业发展是举足轻重的。在中国，1962年1月，毛泽东在中央扩大工作会议上强调"工、农、商、学、兵、政、党这七个方面，党是领导一切的。党要领导工业、农业、商业、文化教育、军队和政府"⑤，明确了中国共产党在新中国的领导地位和核心作用。1981年，邓小平在谈及思想战线时指出，"坚持四项基本原则的核心，是坚持共产党的领导。没有共产党的领导，肯定会天下大乱，四分五裂"⑥。这强调了坚持党对一切工作的领导原则的极端重要性。

---

① 马克思恩格斯文集（第十卷）[M]. 北京：人民出版社，2009：372.
② 马克思恩格斯全集（第二十八卷）[M]. 北京：人民出版社，2018：431.
③ 列宁全集（第六卷）[M]. 北京：人民出版社，2013：118.
④ 唐鸣，俞良早. 共产党执政与社会主义建设——原苏东国家工人阶级政党执政的历史经验[M]. 北京：人民出版社，2008：13.
⑤ 毛泽东文集（第八卷）[M]. 北京：人民出版社，1999：305.
⑥ 邓小平文选（第二卷）[M]. 北京：人民出版社，1994：391.

坚持党的领导的历史逻辑方面

"历史和现实都证明,没有中国共产党,就没有新中国,就没有中华民族伟大复兴。"① 在各式各样的救亡图存方案失败后,孙中山先生领导的辛亥革命推翻了统治中国几千年的君主专制制度,但未能改变中国半殖民地半封建的社会性质和中国人民的悲惨命运。中国迫切需要新的思想引领救亡运动,迫切需要新的组织凝聚革命力量。十月革命一声炮响,给中国送来了马克思列宁主义,中国人民看到了新希望。1921年7月,中国共产党应运而生,中国人民选择了中国共产党,从此中国革命的面貌焕然一新。"百年来,党领导人民浴血奋战、百折不挠,创造了新民主主义革命的伟大成就;自力更生、发愤图强,创造了社会主义革命和建设的伟大成就;解放思想、锐意进取,创造了改革开放和社会主义现代化建设的伟大成就;自信自强、守正创新,创造了新时代中国特色社会主义的伟大成就。"② 中国共产党的百年奋斗历史轨迹就是坚持和加强党的领导、不断创造历史伟业的历史进程。这深刻揭示了新时代推进制度治党必须坚持党的领导的历史逻辑。

坚持党的领导的实践逻辑方面

在中国共产党带领中国人民迈进新时代奋进新征程的道路上,既充满无数的机遇,也有潜在的挑战。具体而言,中国的综合国力不断增强、国家的发展处于重要战略机遇期;与此同时,党和国家所面临的外部风险更加之多、所涉及矛盾问题更加之尖锐、所触及的利益格局调整更加之深刻。"办好中国的事情,关键在党。"③ 在新的历史起点

---

① 中共中央关于党的百年奋斗重大成就和历史经验的决议[M].北京:人民出版社,2021:65.
② 中共中央关于党的百年奋斗重大成就和历史经验的决议[M].北京:人民出版社,2021:1-2.
③ 习近平关于全面从严治党论述摘编[M].北京:中央文献出版社,2016:12.

上，要全面建设社会主义现代化国家，以中国式现代化全面推进中华民族伟大复兴，必须不断推进党的建设"新的伟大工程"。制度治党以制度的根本性、全局性、稳定性、长期性作用，能从根本上扭转管党治党中的宽松软状况、夯实全面从严治党的制度基础，为推进党的建设新的伟大工程提供保障。坚持党的领导和制度治党是推进党的建设新的伟大工程的一体两面。只有坚持党的核心领导地位，才能保证制度治党的政治方向不偏移、保证制度治党的领导力量不缺位、保证制度治党的思想理论支撑不孱弱；只有推动制度治党，才能提高党的自我革命制度化水平，永葆党的先进性、纯洁性，在解决时代课题中进一步坚持和巩固党的领导。

坚持问题导向

"问题就是公开的、无畏的、左右一切个人的时代声音。问题就是时代的口号，是它表现自己精神状态的最实际的呼声。"[①] 国情不同、时代不同，问题也会不同。立足中国发展实际，坚持问题导向，解决党的建设若干矛盾问题，既是遵循马克思主义哲学基本观点和运用马克思主义哲学方法论的理论成果，也是新时代推进制度治党的科学思维方法。

坚持问题导向体现了马克思主义哲学基本观点

首先，一切从实际出发，坚持理论联系实践，是马克思主义实践观的基本观点。坚持问题导向就是承认问题是历史的、具体的，处于

[①] 马克思恩格斯全集（第四十卷）[M]. 北京：人民出版社，1982：289-290.

变化发展过程中。这要求我们要在掌握实际情况的基础上去观察和分析问题。在研究和解决问题的过程中，通过实践，认识，再实践，再认识，把握问题的本质和内在规律性，真正做到符合客观实际，做到实事求是。这是在实践基础上的思想活动和实践活动相统一的过程。

其次，问题作为矛盾的表现形式，是以马克思主义辩证法所揭示的对立与统一的形式存在着、变化着、发展着的。习近平总书记提出："问题是事物矛盾的表现形式，我们强调增强问题意识、坚持问题导向，就是承认矛盾的普遍性、客观性，就是要善于把认识和化解矛盾作为打开工作局面的突破口。"[①] 坚持问题导向，就是坚持矛盾观点。没有矛盾就没有世界，矛盾的同一性和斗争性共存于事物发展过程中。世界上每天都会产生出无数个问题，人们在不断发现问题和解决问题的过程中不断推动着人类向前发展。

最后，矛盾各方面具有不平衡性，有主要矛盾和次要矛盾之分，有矛盾的主要方面和次要方面之分。主要矛盾和矛盾的主要方面决定了人们在把握问题的本质时要抓住影响事物发展的主要因素。同时，也不能忽视次要矛盾和矛盾的次要方面。

坚持问题导向是解决当前党建问题的科学思维方法

从历史来看，坚持问题导向、强化问题意识，是中国共产党成立伊始就形成的一种思维方式。新民主主义革命时期，为解决党内存在的分散主义的偏向，党中央先后做出关于增强党性的决定，关于抗日根据地领导一元化的决定，关于建立请示报告制度、加强组织性和纪律性的指示，关于健全党委制的决定[②]，开始注重发挥制度的约束性作

---

① 习近平关于协调推进"四个全面"战略布局论述摘编[M].北京：中央文献出版社，2015：86.
② 邓小平文选（第一卷）[M].北京：人民出版社，1994：227.

用。社会主义革命与建设时期，面对社会主义改造与建设的历史任务，党中央先后印发实施的《关于成立中央及各级党的纪律检查委员会的决定》和《中央纪律检查委员会工作细则》，开启了纪检监察制度正规化建设。改革开放和社会主义现代化建设新时期，党中央先后改革和完善党的领导制度，强化和严格党的纪检监察制度，推动党内法规制度的体系化构建。中国特色社会主义新时代，习近平总书记强调，"制度不在多，而在于精，在于务实管用，突出针对性和指导性"①。坚持问题导向，提高制度治党的精准性和有效性，是新时代制度治党的鲜明特征。党的十八大以来，党中央先后出台一系列关于"守纪明规崇法"的制度化、规范化的政策法规文件及相关举措，用刚性的纪律规矩和法规制度管理党员干部。中国共产党在百年建党历程中，制度治党都是紧紧围绕党在不同时期的具体问题和中心任务而展开的。坚持问题导向推进制度治党不仅仅是一条宝贵的党建经验，也是作为一种科学的方法，为解决党的建设问题提供了有效方案。

坚持系统全面

"没有健全的制度，权力没有关进制度的笼子里，腐败现象就控制不住。建章立制非常重要，要把笼子扎紧一点，牛栏关猫是关不住的，空隙太大，猫可以来去自如。"② 制度治党是一项系统性工程，构建科学合理的制度框架、确保制度之间的有效衔接和制度合力作用的有效发挥，是实现制度治党的坚实支撑和基础前提。

---

① 十八大以来重要文献选编（中）[M]. 北京：中央文献出版社，2016：95.
② 习近平关于党的群众路线教育实践活动论述摘编 [M]. 北京：党建读物出版社、中央文献出版社，2014：70.

习近平总书记强调，党内法规制度建设，"既要注意体现党章的基本原则和精神，符合国家法律法规，也要同其他方面法规制度相衔接，使实体性法规制度和程序性法规制度、综合性规定和专门性规定、下位法规制度和上位法规制度相互协调、相辅相成，提升法规制度整体效应"①。对此，可从四个方面来理解。

一是明确党内法规制度体系构建的指导思想。2012年，中共中央印发实施《中国共产党党内法规制定条例》，明确了党内法规制定的理念、原则、程序、责任等制度规范。2014年，党的十八届四中全会坚持全面推进依法治国战略，把党内法规制度体系纳入中国特色社会主义法治体系，党内法规被赋予法治内涵。2017年，《关于加强党内法规制度建设的意见》进一步明确"党内法规制度体系，是以党章为根本、以民主集中制为核心，以准则、条例等中央党内法规为主干，由各领域各层级党内法规制度组成的有机统一整体"②，为党内法规制度体系的构建提供了原则遵循和立规目标。

二是注重把握党内法规制度体系的层次性。在党内法规制度体系中，党章集中体现了党的性质和宗旨、党的理论和路线方针政策、党的重要主张，规定了党的重要制度和体制机制，"就是党的根本大法，是全党必须遵循的总规矩"③。准则、条例、办法、细则等法规制度是依据党章制定的，是党章精神的具体体现。党内法规制度体系建设，必须坚持以党章为根本依据，依照党章的原则要求开展制定和完善工作，不断完善以党章为根本的"1+4"模式的党内法规制度体系。

---

① 习近平关于严明党的纪律和规矩论述摘编[M].北京：中央文献出版社、中国方正出版社，2016：63.
② 关于加强党内法规制度建设的意见[N].人民日报，2017-06-26（01）.
③ 习近平关于严明党的纪律和规矩论述摘编[M].北京：中央文献出版社、中国方正出版社，2016：3.

三是确保全覆盖。完善已有的党内法规制度，制定新的党内法规制度，必须坚持全方位覆盖、全过程规划，确保制度设计上保障"最初一公里"不出现"拦路虎"，"中间段"不出现"中梗阻"，"最后一公里"不出现"断头路"。在党内，中央党规、部委党规、地方党规，根本性党规、支架性党规、配套性党规，实体性规范、程序性规范、保障性规范、惩戒性规范，主体规范、行为规范、监督规范、责任及救济规范等，都必须系统完备，不可或缺①，形成以党的思想建设、组织制度、作风制度等为横轴，以党的中央层面、地方层面、基层层面建设制度为纵轴的制度体系。在党外，厘清党内法规和国家法律的关系，严格把握二者的性质和效力界限，注重国家法律和党内法规的协调和衔接，"形成国家法律法规和党内法规制度相辅相成、相互促进、相互保障的格局"②。

四是与时俱进。习近平总书记强调，已有的相关制度"不适应新形势新任务要求的，该修改完善的就修改完善，该废止的就废止，该制定新的就制定新的"③。适应党的建设的新情况、新诉求和新问题，要处理好新旧制度之间的关系，既要一脉相承又要与时俱进。一方面，要做好党内法规清理工作，对明显不适应现实需要的、适用期已过的党内法规予以废止和失效，对继续有效但须修订的党内法规进行修订。另一方面，要随着具体现实条件的变化及时进行制度创新，在制度治党中推动党内法规制度体系不断迭代更新。

---

① 宋功德. 党规之治 [M]. 北京：法律出版社，2015：291-292.
② 十八大以来重要文献选编（中）[M]. 北京：中央文献出版社，2016：150.
③ 习近平关于党风廉政建设和反腐败斗争论述摘编 [M]. 北京：中国方正出版社、中央文献出版社，2015：125.

坚持守正创新

"当代中国的伟大社会变革，不是简单延续我国历史文化的母版，不是简单套用马克思主义经典作家设想的模板，不是其他国家社会主义实践的再版，也不是国外现代化发展的翻版，不可能找到现成的教科书。"[1] 梳理中国共产党制度治党的百年演进历程，坚持守正创新的制度治党理念，不断发展和完善马克思主义制度治党学说，探索出一条具有鲜明中国特色的马克思主义政党制度治党的发展道路，是中国共产党制度治党百年演进历程的基本特征之一。

一方面，我们要继承和创新马克思主义制度治党学说。虽然马克思和恩格斯没有明确提出"制度治党"的概念，但十分重视制度在党的建设中的重要功能。马克思和恩格斯基于对无产阶级革命运动的历史考察，提出了无产阶级政党建设的基本理论，建立了一系列包括党内选举制度、党的代表大会制度、报告制度、集体领导制度等在内的强化政党建设的制度。列宁立足于原来的马克思主义政党建设理论，提出了确立民主集中制、设立监察委员会、确立密切联系群众的长效机制等观点。中国共产党成立伊始就一以贯之地注重党的制度建设。新民主主义革命时期、社会主义革命和建设时期，古田会议确定了思想建党的基本原则；强调民主集中制，注重党内民主建设；重视党的具体制度建设，如提出支部要建在连队上、党内请示报告制度。改革开放和社会主义现代化建设新时期，中国共产党强调民主制度化建设，加强民主集中制建设，以制度建设推进民主化；注重党的制度体系建

---

[1] 习近平关于社会主义文化建设论述摘编[M].北京：中央文献出版社，2017：88.

设，推进党的根本制度、组织制度、干部制度等方面的衔接配套，在党内通报制度、党内监督机制以及干部民主评议机制等方面有了进一步发展，推进了制度的建立健全。中国特色社会主义新时代，以习近平同志为核心的党中央提出制度治党，实现了从"建"到"治"的转变，既是新形势下中国共产党治党理念的新论述、新阐述、新表达，更是对马克思主义建党理论的创新性发展。

另一方面，坚持"实践探索在前，党规制定在后"的原则，开辟治党制度体系建设新局面。"制度不在多，而在于精，在于务实管用"[①]，要能够落于实践，为党的建设提供有效制度保障。实践是党内法规制度形成的基础。党内法规制度既来源于实践又高于实践，既规范实践又由实践检验。在党内法规制度体系构建的过程中，要"对近年来特别是党的十八大以来从严治党的理论和实践进行总结，看哪些经过实践检验是好的，必须长期坚持；哪些可以进一步完善并上升为制度规定，以党内法规的形式固化下来；哪些需要结合新的情况继续深化"[②]。坚持问题导向，聚焦党内存在的矛盾和问题，着力解决党内法规制度建设的薄弱环节，注意点面结合，既有重点又有广度，增强制度的整体性效果。

坚持党纪严于国法

2014年10月，党的十八届四中全会通过的《中共中央关于全面推进依法治国若干重大问题的决定》指出："党规党纪严于国家法律，

[①] 习近平关于严明党的纪律和规矩论述摘编 [M]. 北京：中央文献出版社、中国方正出版社，2016：55.
[②] 习近平关于全面从严治党论述摘编 [M]. 北京：中央文献出版社，2016：15.

党的各级组织和广大党员干部不仅要模范遵守国家法律，而且要按照党规党纪以更高标准严格要求自己，坚定理想信念，践行党的宗旨，坚决同违法乱纪行为作斗争。"①

2015年1月，习近平总书记指出："党的规矩总的包括什么呢？其一，党章是全党必须遵循的总章程，也是总规矩。其二，党的纪律是刚性约束，政治纪律更是全党在政治方向、政治立场、政治言论、政治行动方面必须遵守的刚性约束。"②同年10月，习近平总书记在审议中国共产党廉政准则、党纪处分条例修订稿时进一步指出："要坚持纪严于法、纪在法前，实现纪法分开。"③

可以看出，坚持党纪严于国法，不仅是党内法规与国家法律关系的基本特征，也是新时代完善建设党内法规制度体系的重要特征。

党纪若是"等同"或"松宽"于国法，那就完全没有存在的必要。因此，党纪严于国法，必然有其理由。

首先，党纪严于国法是党的先进性所要求的。《中国共产党章程》开宗明义规定："中国共产党是中国工人阶级的先锋队，同时是中国人民和中华民族的先锋队，是中国特色社会主义事业的领导核心，代表中国先进生产力的发展要求，代表中国先进文化的前进方向，代表中国最广大人民的根本利益。"④这从根本上要求中国共产党党员必须具有为党和人民的根本利益而英勇献身的精神，必须树立全心全意为人民服务的根本宗旨，必须牢记人民对美好生活的向往是党的奋斗目标。党组织及其成员要保持这种先进性，就必须有铁一般的纪律作为根本

---

① 十八大以来重要文献选编（中）[M]. 北京：中央文献出版社，2016：178.
② 习近平谈治国理政（第二卷）[M]. 北京：外文出版社，2017：151.
③ 习近平关于严明党的纪律和规矩论述摘编 [M]. 北京：中央文献出版社、中国方正出版社，2016：65.
④ 中国共产党章程 [M]. 北京：人民出版社，2022：1.

第三章 制度治党的原则和内容

保障,因此"对党员的要求应该更严"①。

其次,党纪严于国法是党的执政使命所要求的。党的十九大报告庄严宣告:"中国特色社会主义进入了新时代,这是我国发展新的历史方位。"②新时代赋予中国共产党新的执政使命和任务,即团结带领全国各族人民全面建成社会主义现代化强国,以中国式现代化全面推进中华民族伟大复兴。实现伟大梦想,必须"进行伟大斗争、建设伟大工程、推进伟大事业"。在"四个伟大"中起关键性作用的是"建设伟大工程"。"中国特色社会主义进入新时代,我们党一定要有新气象新作为。打铁必须自身硬。"③为更好应对"四大考验"和"四种危险",就需要配套更为严苛的党规党纪来规范党组织和党员行为,不断提高党执政兴国能力和领导水平,正如习近平总书记所指出的:"各级党委要在思想认识、方法措施上跟上全面从严治党战略部署,把纪律挺在前面,发现问题就要提提领子、扯扯袖子,使红红脸、出出汗成为常态。对问题严重的,就要打手板、敲警钟,该组织处理的组织处理,该纪律处分的纪律处分"④,"确保党在世界形势深刻变化的历史进程中始终走在时代前列,在应对国内外各种风险和考验的历史进程中始终成为全国人民的主心骨,在坚持和发展中国特色社会主义的历史进程中始终成为坚强领导核心"⑤。

新时代推进制度治党,坚持党规党纪严于国法,需要做好党规党纪和国家法律之间的衔接与协调,处理好两者的辩证关系。

首先,党规党纪与国家法律具有同质性,主要体现在三个方面。

---

① 十八大以来重要文献选编(中)[M].北京:中央文献出版社,2016:150.
② 十九大以来重要文献选编(上)[M].北京:中央文献出版社,2019:7.
③ 习近平谈治国理政(第三卷)[M].北京:外文出版社,2020:47.
④ 习近平谈治国理政(第二卷)[M].北京:外文出版社,2017:163.
⑤ 习近平谈治国理政(第三卷)[M].北京:外文出版社,2020:14.

第一，在价值取向上。我国宪法规定"中华人民共和国是工人阶级领导的、以工农联盟为基础的人民民主专政的社会主义国家"①。我国的国家法律本质上是中国广大人民群众的根本意志的集中体现。中国共产党的"两个先锋队"体现了中国共产党的"人民性"。党纪党规和国家法律通过"人民性"这一桥梁实现了党的意志、人民意志和国家意志的相互融通。第二，在目标对象上。党规党纪的效力人群是中国共产党的各级组织和广大党员干部，国家法律的约束对象是主权范围内的所有人、所有行为、所有事情，这其中也包括对中国共产党党员及其行为的约束。这就是党规党纪和国家法律在目标对象上的相合性。第三，在内容渊源上。党规党纪和国家法律有相同的文化根源，即中华优秀传统文化，如"礼、义、廉、耻""温、良、恭、俭、让"等。

其次，党规党纪和国家法律还是有区别的，主要体现在三个方面。第一，调整范围不同。国家法律只调整和约束主权范围内的所有人的所有行为。党规党纪不仅调整和约束党员的行为，而且对党员的政治理想、宗教信仰也有所涉及。第二，道德价值观念约束不同。个人行为在社会普遍价值观念的范围内，一般不会受到国家法律限制。党规党纪的部分规定涉及党员的个人事务范围，如"生活奢靡、贪图享乐、追求低级趣味，造成不良影响的，给予警告或者严重警告处分；情节严重的，给予撤销党内职务处分"②。第三，追究时效不同。法律对违法行为的追责是有追究时效的，超过追究时效，将不再追究相关责任。党内法规对违纪行为没有规定追究时效，只要有违纪行为，都将被追责处分。

---

① 中华人民共和国宪法 [M]. 北京：中国法制出版社，2018：7-8.
② 十九大以来重要文献选编（上）[M]. 北京：中央文献出版社，2019：618.

新时代中国共产党制度治党的内容

党的十八以来,在以习近平同志为核心的党中央坚强领导下,制度治党取得了历史性成就、发生了历史性变革,形成了比较完善的党内法规制度体系,党的组织力、凝聚力和向心力进一步增强,为全面从严治党提供了坚强的制度保障。新时代中国共产党制度治党内容丰富,主要有:将制度建设贯穿党的建设伟大工程、以党的政治建设统领党的其他建设、严明党的纪律推进管党治党全面从严、推动党的作风建设制度化、坚持思想建党与制度治党紧密结合。

将制度建设贯穿党的建设伟大工程

坚定不移推进自我革命,是中国共产党实现长盛不衰、不断发展壮大的根本保证。中国共产党坚持以自我革命精神提升执政本领,体现在善于以党自身的制度建设来统领国家制度建设,推进国家治理体系和治理能力现代化。习近平总书记在党的十九大报告中对新时代党的建设提出了总要求:"全面推进党的政治建设、思想建设、组织建设、作风建设、纪律建设,把制度建设贯穿其中,深入推进反腐败斗争,不断提高党的建设质量。"[①] 新时代要立足新形势、新任务,贯彻落实党的建设总要求,深入推进党的制度建设,为不断提高党的建设质量提供坚实制度保障。

---

① 习近平. 决胜全面建成小康社会 夺取新时代中国特色社会主义伟大胜利——在中国共产党第十九次全国代表大会上的报告 [M]. 北京:人民出版社,2017:62.

健全以党的政治建设为统领的制度

始终讲政治,注重从政治上建党强党是马克思主义政党最鲜明的品格。以政治建设统领党的建设,关键是把坚持正确政治方向作为定盘星和压舱石,贯穿党的建设各方面和全过程,这就要求把政治方向作为新时代党的制度建设的首要取向。因此,在推进党的制度建设的过程中,要始终强调党的政治纲领、政治路线、政治方向、政治信仰、政治目标、政治纪律,确保党的制度体系不偏向、不变通、不走样。在制度的设计和制定上,要坚定执行党的政治路线,保障党中央的精神、决策和部署不折不扣地得到贯彻落实,在党的法规制度体系的构建上凸显政治原则,以制度建设为政治建设提供长效制度机制,推动形成完备有效的政治制度架构和政治规范体系。

推动思想建设工作制度化、常态化

改革开放以来,世情国情党情都发生了巨大变化,在全球化、市场化和信息化等时代发展的背景下,党内存在"少数领导干部思想上存在疑惑、政治上是非不明,甚至对建设有中国特色社会主义的信心、共产主义的信念产生了危机"[1]等问题,以及西方资本主义国家对中国的价值输出与意识形态侵袭。这些都对中国共产党思想建党工作提出了严峻的挑战和考验。党的思想建设极其重要,习近平总书记深刻指出,"对党员、干部来说,思想上的滑坡是最严重的病变","思想上松一寸,行动上就会散一尺"[2]。为了解决一些党员干部存在的思想滑坡、精神"缺钙"、理想信念不坚定,以及世界观、人生观、价值观这个"总

---

[1] 武宪熙,王银生."从群众运动"到"三讲"教育——党建方式的创新[J].中共四川省委党校学报,2001(2).
[2] 习近平关于全面从严治党论述摘编[M].北京:中央文献出版社,2016:63.

开关"松动等一系列问题，党中央领导开展了党的群众路线教育实践活动、"三严三实"专题教育、"两学一做"学习教育、"不忘初心、牢记使命"主题教育、党史学习教育、学习贯彻习近平新时代中国特色社会主义思想主题教育等。通过学习教育，全体党员尤其是领导干部，坚定了共产主义远大理想和中国特色社会主义共同理想，党内政治生态和党员的精神境界得到了显著提升。十八以来，党中央"着眼于教育引导广大党员、干部坚定理想信念，以思想理论建设为根本、党性教育为核心、道德建设为基础，加大思想建设方面党内法规制定力度，积极探索理论创新和理论武装工作的有效途径和方法"[①]，从完善党员干部理论学习制度、完善党员党性教育和分析制度、完善党员干部道德建设制度等方面推动思想建设工作制度化、常态化。

提升党的组织建设制度化水平

新时代党的组织路线是"全面贯彻新时代中国特色社会主义思想，以组织体系建设为重点，着力培养忠诚干净担当的高素质干部，着力集聚爱国奉献的各方面优秀人才，坚持德才兼备、以德为先、任人唯贤，为坚持和加强党的全面领导、坚持和发展中国特色社会主义提供坚强组织保证"[②]。提升党的组织建设制度化水平，需要坚持新时代党的组织路线，发挥党的民主集中制的优势，深化改革和创新党的组织建设的制度设计，制定出台一系列与党组织建设配套的相关党内法规制度，夯实党的组织建设的制度基础。要深入贯彻民主集中制，通过建立健全党内民主制度体系来保证党内民主的程序化和集中过程的规范化。要以党章为根本遵循，基于推进党的组织建设的现实需要，用

---

① 十八大以来重要文献选编（上）[M]. 北京：中央文献出版社，2014：483.
② 习近平. 在全国组织工作会议上的讲话 [M]. 北京：人民出版社，2018：11.

明确的组织法规制度规范党的组织建设新进程，将新时代党的组织建设的理论与实践创新固化为组织制度的新规范，为新时代党的组织建设贡献制度力量。

推进党的纪律建设制度化

习近平总书记指出："党的团结统一靠什么来保证？要靠共同的理想信念，靠严密的组织体系，靠全党同志的高度自觉，还要靠严明的纪律和规矩。"① 推进党的纪律建设制度化，要以纪律建设常态化长效化机制为重要抓手，持之以恒正风肃纪，扎紧制度的笼子。要继续巩固党的八项规定取得的成果，及时将纪律建设中的成功经验、精神上升为党的制度性法规文件。要严格规范和落实党内政治生活制度，坚持开展批评与自我批评，要建立和完善党员干部直接联系群众等一系列制度，密切党同人民群众的血肉联系。"依规治党，首先是把纪律和规矩立起来、严起来，执行起来。"② 推进党的纪律建设，要加快形成加强纪律建设的制度体系，"要突出重点，重在管用有效，全方位扎紧制度笼子，更多用制度治党、管权、治吏"③，发挥纪律的刚性约束。要突出政治纪律和政治规矩，有效整合组织纪律、廉洁纪律、群众纪律、工作纪律、生活纪律，推动党规党纪和国法有效衔接，坚持纪严于法、纪在法前，真正把纪律和规矩挺在前面。

---

① 十八大以来重要文献选编（中）[M]. 北京：中央文献出版社，2016：347.
② 习近平关于严明党的纪律和规矩论述摘编 [M]. 北京：中央文献出版社、中国方正出版社，2016：60.
③ 习近平关于严明党的纪律和规矩论述摘编 [M]. 北京：中央文献出版社、中国方正出版社，2016：59-60.

以党的制度建设夺取反腐败斗争的压倒性胜利

党风廉政建设和反腐败斗争是党的建设的重大任务，只有坚决反对腐败，才能始终保持党的先进性和纯洁性。要实现对腐败问题的标本兼治，制度建设是关键一环。构建不敢腐、不能腐、不想腐的体制机制，要做到惩治威慑、制度约束、提高觉悟一体发力，"把不敢腐的强大震慑效能、不能腐的刚性制度约束、不想腐的思想教育优势融为一体"①。要建立不敢腐的惩戒机制。党的十八大以来，党中央把反腐败斗争提高到一个新的政治高度，坚决遏制腐败现象滋生蔓延势头，对腐败分子，不论涉及什么人，不论职位多高、权力多大，发现一个查处一个，绝不手软，坚持"老虎""苍蝇"一起打，以零容忍态度惩治腐败。要建立不能腐的防范机制。坚持完善落实民主集中制，着力健全党内监督制度，做好监督体系顶层设计，发挥巡视制度的作用，强化对权力运行的制约和监督，保证权力在阳光下运行。要建立不想腐的自律机制。在思想意识的源头上，加强共产主义理想信念教育，强化宗旨意识，不断夯实党员干部廉洁从政的思想道德基础，筑牢拒腐防变的思想道德防线，形成不想腐的精神境界。

以党的政治建设统领党的其他建设

党的建设是一个系统工程，涵盖党的政治建设、思想建设、组织建设、作风建设、纪律建设、制度建设、反腐败斗争等方面。习近平总书记在十九届中央政治局第六次集体学习时的讲话中指出："党的十九大明确提出党的政治建设这个重大命题，强调党的政治建设是党

---

① 提高一体推进"三不腐"能力和水平　全面打赢反腐败斗争攻坚战持久战[N].人民日报，2022-06-19（01）．

的根本性建设，要把党的政治建设摆在首位，以党的政治建设为统领。"①"以党的政治建设为统领"，突出强调了党的政治建设和其他建设之间是统领与被统领的关系。这其中包含着两层意蕴：一是加强党的政治建设是发挥统领作用的前提和基础；二是以党的政治建设为统领，需要贯彻落实到党的建设新的伟大工程的各方面、全过程。

加强党的政治建设是发挥统领作用的前提和基础。习近平总书记强调："实践使我们深刻认识到，党的政治建设决定党的建设方向和效果，不抓党的政治建设或背离党的政治建设指引的方向，党的其他建设就难以取得预期成效。"②

其一，保证全党服从中央，坚持党中央权威和集中统一领导，是党的政治建设的首要任务。"把党的政治建设摆在首位，自觉担负坚决维护习近平总书记党中央的核心、全党的核心地位，坚决维护党中央权威和集中统一领导的重大政治责任。"③党中央作为全党的核心，其权威必须加以维护。首先，维护党中央权威要求全党把维护习近平总书记党中央的核心、全党的核心，维护党中央权威和集中统一领导作为第一位的政治要求。其次，增强"四个意识"，全党要坚决服从党中央的统一领导、听从党中央的决策部署，在政治立场、政治方向、政治原则、政治道路上同党中央保持高度一致。最后，严格遵守党的政治纪律和政治规矩，通过严明的政治纪律和政治规矩，防止和杜绝党内存在的政治问题和政治隐患，保证党的集中统一领导。

其二，尊崇党章，开展严肃认真的党内政治生活。习近平总书记在十九届中纪委六次全会上指出："坚持以党的政治建设为统领，保证

---

① 十九大以来重要文献选编（上）[M]. 北京：中央文献出版社，2019：535.
② 习近平谈治国理政（第三卷）[M]. 北京：外文出版社，2020：92.
③ 十九大以来重要文献选编（上）[M]. 北京：中央文献出版社，2019：768.

全党在政治立场、政治方向、政治原则、政治道路上同党中央保持高度一致。必须以坚定理想信念为根基,严肃政治生活,涵养政治生态,督促党员、干部把对党忠诚体现在贯彻党中央决策部署的具体行动上,确保党的理论和路线方针政策落地见效。"① 党内政治生活是党的政治建设的重要活动载体,党内政治生活开展的质量对党的政治领导力和凝聚力有着深刻影响。全党要严格执行《关于新形势下党内政治生活的若干准则》,纠正和克服党内生活庸俗化、随意化、平淡化等问题,增强党内政治生活的政治性、时代性、原则性、战斗性。要认真落实党委主体责任和纪委监督责任,层层传导压力责任,严肃查处违反准则的行为,坚决维护准则的严肃性。

其三,完善落实民主集中制的各项制度。民主集中制是党的根本组织制度和领导制度,是党的政治建设有效开展的制度保证。坚持民主基础上的集中和集中指导下的民主相结合,是落实民主集中制的总要求。要充分发扬批评与自我批评这一优良传统,大胆使用、经常使用、用够用好,使之成为一种习惯、一种自觉、一种责任。

其四,培育积极健康的党内政治文化。加强党的政治建设的本质,就是通过党内政治文化的普及使全党在执行党的纲领政策上有高度的政治自觉。一方面,大力弘扬中华优秀传统文化、革命文化和社会主义先进文化,以互联网、大数据等为载体,增强党内政治生活的时代性。另一方面,推动"两学一做"学习教育、"三会一课"制度化常态化发展,提升党内政治生活和政治文化的互动性,为培育良好的政治生态保驾护航。

其五,提升党员政治觉悟和政治能力。党员是党的政治建设的主

---

① 习近平. 全面从严治党探索出依靠党的自我革命跳出历史周期率的成功路径[J]. 求是, 2023(3).

要参与者、实践者，提升党员政治觉悟和政治能力是党的政治建设的内在要求。一要强化党员的党员意识，牢记自己的第一身份是共产党员，第一职责是为党工作，做到不忘初心牢记使命，在任何时候都与党同心同德。二要加强干部政治能力训练，使其政治能力与担当的领导职责相匹配，确保党的事业始终沿着正确的方向前进。

以党的政治建设统领党的其他建设，要求以加强党的政治建设推动实现党的各项建设衔接联动、同频共振。

其一，以政治建设统领思想建设，就是要通过思想建设来坚定政治信仰和锤炼党性修养。加强思想建设，要讲清楚"中国共产党为什么能，中国特色社会主义为什么好，归根到底是马克思主义行，是中国化时代化的马克思主义行"的理论逻辑、历史逻辑和实践逻辑，用习近平新时代中国特色社会主义思想武装党员头脑，坚定共产主义远大理想和中国特色社会主义共同理想，解决好世界观、人生观、价值观这个"总开关"问题。

其二，以政治建设统领组织建设，就是要贯彻落实新时代党的组织路线，突出选人用人的政治标准和各级党组织的政治功能。加强组织建设，要贯彻落实新时代党的组织路线，在选人用人上突出政治标准，匡正选人用人风气，大力提拔牢固树立"四个意识"和"四个自信"、坚决维护党中央权威、全面贯彻执行党的理论和路线方针政策、忠诚干净担当的党员干部。要教育党员干部坚定不移沿着正确政治方向前进，发挥先锋模范作用，把党组织建设成为坚守正确政治方向、发挥政治功能的坚强战斗堡垒。

其三，以政治建设统领作风建设，就是要密切党群干群关系，夯实党执政的政治基础。加强作风建设要求，全体党员特别是党的领导干部，要始终把人民放在心中最高位置，牢记全心全意为人民服务的根本宗旨，贯彻以人民为中心的发展思想，矢志不渝同人民群众一起为党和人民事业而奋斗。

其四，以政治建设统领纪律建设，就是要严守党的政治纪律和政治规矩。加强纪律建设要求，广大党员干部特别是领导干部要严格执行《关于新形势下党内政治生活的若干准则》，紧绷政治纪律和政治规矩这根弦，提高政治自制力，自觉带头反对特权思想、特权现象。要严肃监督执纪问责，持续保持高压态势，严肃查处违反政治纪律的行为。

其五，以政治建设统领制度建设，就是要完善全面从严治党的体制机制，夯实党的领导的制度基础。要加快完善党的自身建设制度法规，满足党在政治建设、思想建设、组织建设、作风建设、纪律建设等各领域的制度化需要。健全党的全面领导制度，不断完善保障"两个维护"的制度机制，健全党中央对重大工作的领导机制，完善推动党中央重大决策落实机制，确保党总揽全局、协调各方。

其六，以政治建设统领反腐败斗争，就是要发挥政治巡视利剑作用。要以自我革命精神持续加大反腐败工作力度，坚持反腐无禁区、全覆盖、零容忍，坚持重遏制、强高压、长震慑，始终保持惩治腐败高压态势。健全党和国家监督体系，充分发挥政治巡视利剑作用，让权力在阳光下运行，把权力关进制度的笼子。

严明党的纪律，重视制度的执行

习近平总书记指出，要"全面加强纪律建设，用严明的纪律管全党治全党"①。中国共产党作为执政党，如果管党不力、治党不严，就可能落后于时代进程、丧失先进性、辜负人民期盼。

党的十九大报告指出，要"重点强化政治纪律和组织纪律，带动廉洁纪律、群众纪律、工作纪律、生活纪律严起来"②。因为这两大纪律的执行情况关系党员对党的忠诚和服从，事关党的集中统一领导、维护国家政权、党员的权利义务，影响党内政治生态、思想文化、组织领导等根本性、关键性问题。没有严肃的政治纪律和组织纪律，遵守其他纪律就无从谈起。

在党的纪律中，政治纪律是打头、管总的，是最重要、最关键的纪律，直接涉及党的性质、宗旨问题，排在全部纪律中的第一位。不管违反哪方面的纪律，发展到一定程度，都会在群众中和党内造成恶劣影响，最终都会侵蚀党的执政基础，说到底都是破坏政治纪律，所以我们要防微杜渐，把讲政治、遵守政治纪律和政治规矩永远排在首要位置，抓住这个纲，带动其他纪律严起来。

党的十八大以来，中国共产党逐渐建立了以党章为统领，以民主集中制为核心，以准则、条例、规定、办法、规则、细则为主的，内容科学、程序严谨、配套完善、运行有效的党内法规制度体系，使全面从严治党真正做到了"有规可依、有章可循"，为新时代制度治党提供了有力保障。构建完善的制度体系是制度治党的前提，但是制度体系的构建不是目的，制度治党中的"治"才是关键，这就离不开制度的执行。着力抓好制度的执行，增强制度执行力，需要把握好三个方面。

---

① 十九大以来重要文献选编（上）[M]. 北京：中央文献出版社，2019：196.
② 习近平谈治国理政（第三卷）[M]. 北京：外文出版社，2020：52.

增强党内法规制度意识

制度意识是指党员在参与党内法规制度的制定以及学习党内法规制度的过程中，培养起对党内法规制度的认同感和敬畏感，进而将党内法规制度内化为指导自身行为的准则，并主动维护制度的神圣性、权威性。就增强党员制度意识而言，要做到这几点。

其一，要强化党内法规制度教育。组织专家编写党内法规制度教材，将党内法规制度纳入各级党委中心学习组学习内容，作为各级党校、行政学院和干部学院教育培训的必修课程。

其二，要创新党内法规制度教育的手段和方式。积极打造党内法规制度学习教育的媒体平台，利用好现代信息传媒开展党内法规制度教育。加强对遵纪守法正面典型的宣传教育和对违反党内法规制度负面案例的曝光，教育引导广大党员牢固树立法治思维和制度意识。

其三，要增强党员干部的主人翁意识。提高党员制度制定和设计的参与度。党员通过切身参与制度的制定和设计，增强对党规党纪的制度认同感和对党组织的归属感，让崇尚制度、遵守制度、敬畏制度、捍卫制度、服从制度、执行制度成为每位党员的价值追求和行为习惯。

发挥领导干部的带头作用

"政治路线确定之后，干部就是决定的因素。"[①]领导干部是党内法规制度的制定者、执行者和监督者。领导干部特别是高级领导干部的制度意识如何、遵守制度的情况怎样，直接关系到广大党员对党内法规制度的态度和制度执行效果。习近平总书记强调："准则稿、条例稿都强调以高级干部为重点，主要考虑是加强党的建设必须抓好领导干

---

① 建党以来重要文献选编（1921—1949）（第十七册）[M]. 北京：中央文献出版社，2011：662.

部特别是高级干部,而抓好中央委员会、中央政治局、中央政治局常委会的组成人员是关键。把这部分人抓好了,能够在全党作出表率,很多事情就好办了。"① 就发挥领导干部的带头作用而言,要做好这几个方面。

其一,要增强执行制度的责任感。领导干部要切实担负起管党治党的政治责任,切实履行好贯彻落实党内法规制度的主体责任,形成一级抓一级、层层抓落实的治党格局。

其二,要发挥表率作用和"头雁效应"。领导干部要自觉维护党内法规的权威性,带头严格依照党内法规办事,在党规党纪面前"行动先于群众、标准高于群众、要求严于群众",以自己的行动引领广大党员,促进制度的执行。

其三,要提升制度执行能力。加大对领导干部的教育培训力度,注重分层次、分类别提升领导干部的业务工作能力,确保本地区本单位党内法规执行工作的高质量与真实效。

强化制度执行的监督惩戒

"抓好法规制度落实,必须落实监督制度,加强日常督察和专项检查。要用监督传递压力,用压力推动落实。对违规违纪、破坏法规制度踩'红线'、越'底线'、闯'雷区'的,要坚决严肃查处,不以权势大而破规,不以问题小而姑息,不以违者众而放任,不留'暗门'、不开'天窗',坚决防止'破窗效应'。"② 强化对党内法规制度执行情况的监督检查,对违反制度的行为依法依规进行追责问责,是提高制

---

① 习近平关于全面从严治党论述摘编[M]. 北京:中央文献出版社,2016:45-46.
② 习近平关于严明党的纪律和规矩论述摘编[M]. 北京:中央文献出版社、中国方正出版社,2016:90.

度执行力不可缺少的环节。

其一,强化监督。落实好纪检机关在党内监督中的专责定位,纪检机关要进一步聚焦主责主业,把监督执纪问责贯穿党内法规制度执行全过程。完善纪委监委合署办公体制,做好纪法衔接工作,让纪律和法律共同推动党内法规制度的执行。建立监督资源整合机制,将民主监督、社会监督、舆论监督等统筹起来,形成监督合力。

其二,严肃惩处。把党内法规制度的学习、遵守和执行情况作为考察党员干部民主评议、年度考核、评优评先、提拔任用的重要依据,发挥好制度的激励约束作用。加大对违纪行为的曝光力度,对违反党内法规制度的行为,发现一起、查处一起、曝光一起,做到违纪必究、执纪必严,发挥制度的教育震慑作用。

推动党的作风建设制度化

"中央之所以要抓住改进作风来推进党的建设,是因为形式主义、官僚主义、享乐主义等问题实际上是党内存在的突出矛盾和问题的突出表征。"[1]追溯中国共产党百年作风建设历史,作风问题呈现反复性、顽固性的特点,出现了作风建设的"周期率"问题。为破解这一难题,习近平总书记指出:"作风建设是攻坚战,也是持久战。这么多年,作风问题我们一直在抓,但很多问题不仅没有解决、反而愈演愈烈,一些不良作风像割韭菜一样,割了一茬长一茬。症结就在于对作风问题的顽固性和反复性估计不足,缺乏常抓的韧劲、严抓的耐心,缺乏管

---

[1] 习近平关于党的群众路线教育实践活动论述摘编[M].北京:党建读物出版社、中央文献出版社,2014:16.

长远、固根本的制度。"①"我们要充分估计到作风问题的顽固性和反复性,持之以恒抓好改进工作作风各项工作,把要求落实到每一项工作、每一个环节之中,建立健全管用的体制机制,自觉接受群众评议和社会监督。"②科学完备的制度是党的优良作风的重要保证。用制度的方式将党内生活方式、工作方式、工作规则和工作程序确定下来,不因人而异、不随人而变,为党的作风建设提供制度遵循。把制度建设贯穿于党的作风建设的全过程,需要把握好这几个方面。

首先,推动党的作风建设制度的顶层设计、统筹规划,提高制度的针对性、操作性和系统性。

《中国共产党党内法规制定条例》(2019年版)规定了党内法规的名称为党章、准则、条例、规定、办法、规则、细则。条例的作用是对党的某一领域重要关系或者某一方面重要工作作出全面规定,由中共中央发布,如《中国共产党组织工作条例》《中国共产党问责条例》和《中国共产党党员教育管理工作条例》等。鉴于条例在党内法规中的地位和作用,加之党的作风建设是党的建设"一条主线、五大建设"的总体布局的基本内容之一,有必要以条例的形式对党的作风建设的建设目标、总体要求、具体办法、工作责任等作出明确详细的规定。

在对党的作风建设制度化的过程中,需要统筹好其同党的思想建设、组织建设、纪律建设、反腐败斗争等同层级制度的关系,合理规范它们相互之间的关系,在制度称谓、定位、内在结构上与同层级的其他条例保持一致,避免重复和交叉,加强各项制度的衔接、配套、

---

① 十八大以来重要文献选编(中)[M].北京:中央文献出版社,2016:99.
② 习近平关于党的群众路线教育实践活动论述摘编[M].北京:党建读物出版社、中央文献出版社,2014:16-17.

结合。切实抓好配套建设,努力使党的作风建设方面的各项制度规范之间做到相互衔接、相互照应、相互促进,充分发挥制度机制在党的作风建设中的保障作用。

在制度的内容设计上,不能把制度当作"筐",什么都能放进去、什么都能装。要着眼于党的作风建设的"根本性、全局性"问题,找准党的作风建设制度化的突破口。需要在细化量化上下功夫,明确哪些事能做、哪些事不能做、哪些事应该怎么做,少用"一般""原则上"等模糊概念,明确违规行为的量纪尺度,压缩自由裁量权的空间,以便在实践中更好地操作和执行制度。

其次,党的作风建设的制度,就其保障作用而言,应建立健全党员干部培养机制、维护群众权益机制、干部选拔任用机制、监督惩戒机制、问责制度和问责机制

党员干部培养机制,是指培养党员干部好作风的制度、方法、措施。好的作风不会自然形成,要靠经常性的学习教育。从思想教育入手,用党的先进指导思想、创新理论武装广大党员干部头脑,强化对党员干部世界观、人生观、价值观长期的潜移默化的教育和巩固,引导他们扣好人生第一粒扣子。党员干部要从思想上警醒起来,坚定不移转变作风,坚定不移反对腐败,切实做到踏石留印、抓铁有痕,不断以反腐倡廉的新进展、新成效取信于民,确保党和国家兴旺发达、长治久安。

健全维护群众权益机制,是新时代坚持党的群众路线的必然举措。要深入做好组织群众、宣传群众、教育群众工作,努力形成科学有效的利益协调机制、诉求表达机制、矛盾调处机制、权益保障机制。善于利用制度机制调节人民内部矛盾,化解社会不稳定因素,坚决维护人民群众的合法权益。

完善干部选拔任用机制，彻底解决用人的不正之风。建立完善的考核任用机制，对干部考核的制度、标准、程序和方法要制度化、具体化，进一步扩大选拔任用干部的渠道，推进民主推荐、组织考察和讨论决定等各个环节的科学化、规范化、程序化。

强化监督惩戒机制，是制度贯彻落实的关键一环。要通过加强党内监督、巡视监督、群众监督、舆论监督，构建多层次、全方位、立体式的监督体系。

整合问责制度、健全问责机制，坚持有责必问、问责必严。通过严肃查办案件，不断增强制度的约束力、监督的制衡力，让更多党员干部受到警示和震撼，始终保持清醒头脑，永葆共产党员的先进本色。

坚持思想建党和制度治党紧密结合

2014年10月，习近平总书记在党的群众路线教育实践活动总结大会上强调，从严治党要"坚持思想建党和制度治党紧密结合。从严治党靠教育，也靠制度，二者一柔一刚，要同向发力，同时发力"[1]。这一论述阐明了思想建党和制度治党的辩证关系，揭示了新时代全面从严治党的内在规律。

首先，思想建党是制度建设的基础。党的制度可以规范党组织及其成员的行为，但这种规范是建立在党员自觉意识的基础上的。只有加强思想教育，提高党员素质，让广大党员牢固树立正确的世界观、人生观、价值观，才能使制度建设有着坚实的思想基础。

---

[1] 习近平关于全面从严治党论述摘编[M].北京：中央文献出版社，2016：104.

其次，制度建设是思想建设的确认和保障。党的制度是党组织、党员的共同意志的集中表达，具有高度的权威性、规范性和约束性，带有根本性、全局性、稳定性、长期性。只有严格的制度规范和约束，才能保证全党思想高度统一。

最后，坚持思想建党与制度治党同向发力、同时发力的原则。"要使加强制度治党的过程成为加强思想建党的过程，也要使加强思想建党的过程成为加强制度治党的过程"①，形成思想建党与制度治党的整体合力，构建起互相补充、相得益彰的共生态势。

思想建党是中国共产党治党的柔性约束，制度治党是中国共产党治党的刚性约束。辩证分析思想建党与制度治党之间的区别和联系，把两者紧密结合是解决党内不正之风、贪污腐败的必由之路。两者相互融合的结合点在于"行"，思想建党的目的是让党员将理论知识内化于心，外化于行；制度治党的关键在于制度的执行与落实。注重思想建党与制度治党互动融合，双轮驱动，主要是应坚持和巩固党的领导核心地位、充分发挥基层党组织的作用和培养优良家风这三个方面。

坚持和巩固党的领导核心地位

坚持和巩固党的领导核心地位是思想建党与制度治党紧密结合的保障。党中央集中统一领导是实现经济社会发展、民族团结进步、国家长治久安的根本保证。思想建党与制度治党的紧密结合始终离不开党的领导，同时也是党不断提升执政能力和执政水平的重要成果。加强党的领导核心地位，有利于保障党员在思想上、政治上和行动上能

---

① 十八大以来重要文献选编（中）[M]. 北京：中央文献出版社，2016：95.

够始终与党中央保持高度一致，有利于保障党的政策制度得到有效实施，有利于保障思想建设和制度建设的有机统一。我们要始终不渝地坚持党的领导核心地位，促进思想建设与制度建设相结合。

坚持和巩固党的领导核心地位，既要引导全体党员自觉树立起"四个意识"，又要严明党的纪律。维护好党中央的权威和领导地位，必须要加强党的自身建设，继续深化全面从严治党。

第一，要引导全体党员自觉树立起"四个意识"，自觉将思想和行动统一起来，自觉加强政治的坚定性和敏感性。"四个意识"是提高党的领导水平的思想保障，是全党解决"四种危险"和"四大考验"的有效手段，是坚持和巩固党的领导的重要条件。全体党员要切实做到政治立场、方向始终不动摇，要正确处理好各种利益之间的矛盾冲突。

第二，要严明党的纪律。严明的纪律和严密的组织始终是党内政治生活的优良传统，是提升党的执政能力和执政水平的必要条件，是坚持和巩固党的领导核心地位的重要保障。全党要以树立"四个意识"和严明党的纪律为突破点，坚持和巩固党的领导核心地位，保障思想建党与制度治党的紧密结合。

充分发挥基层党组织的作用

充分发挥基层党组织的作用是推动思想建党与制度治党紧密结合的组织基础。基层党组织作为党的战斗堡垒，要充分发挥作用。习近平总书记在党的二十大报告中指出："坚持大抓基层的鲜明导向，抓党建促乡村振兴，加强城市社区党建工作，推进以党建引领基层治理，持续整顿软弱涣散基层党组织，把基层党组织建设成为有效实现党的领导的坚强战斗堡垒。"①思想建设是制度建设的基础，制度建设是思想建设的保障。基层党组织可以从思想上引导监督党员执行规章制度，保障党员的先进性和纯洁性。当前，基层党组织通过建立党内民主生活会制度、党支部学习制度、"三会一课"制度等来提升党员学习教育的能力，促进思想建设与制度建设紧密结合。将党的思想建设制度化，有助于规范基层党组织的学习、工作和生活，将全面从严治党更加深入地向基层延伸。

发挥基层党组织战斗堡垒作用，既要引导党员进行理论、制度学习，又要开展多样化的实践活动。

一方面，基层党组织要开展学习理论知识、纪律制度等教育活动，深入研究和分析党员领导干部违纪违法的典型案例。开展理论知识的学习，有利于增强党员的理想信念和理论素养，有利于帮助党员筑牢思想政治防线，有利于发挥出学习活动的警示、震慑和教育作用。深入开展党纪和法规制度宣传教育，加强对党章党规党纪的学习，有利于培养党员自觉尊崇党章、遵守党纪的意识，有利于引导党员、领导干部严格按党规标准要求自己，从思想上筑牢不敢腐、不能腐、不想腐的堤坝。

另一方面，基层党组织要不断创新活动形式，开辟第二课堂，积极开展各种服务群众的活动。在基层党组织的引导下，党员要积极参加学习实践活动，宣传和执行党的政策制度，密切保持同人民群众的联系。在理论教育和实践活动配合中，将基层党组织建设成为党的坚强战斗堡垒，达到思想建党与制度治党的紧密结合。

---

① 习近平.高举中国特色社会主义伟大旗帜 为全面建设社会主义现代化国家而团结奋斗——在中国共产党第二十次全国代表大会上的报告[M].北京：人民出版社，2022：67.

培养优良家风

培养优良家风是思想建党与制度治党紧密结合的内在要求。家风的好坏直接影响到家人，尤其是子女"三观"的树立，以及为人处世、生活习惯的养成。习近平总书记指出："从近年来查处的腐败案件看，家风败坏往往是领导干部走向严重违纪违法的重要原因。"① 作为家长，党员领导干部的言谈举止会影响到孩子。因此，党员领导干部要把家风建设摆在重要位置，应当严格要求自己，在不断提高个人修养的同时，教育和监督家人。党员领导干部要在言传身教中培养优良家风。

严格家教家风，党员领导干部既要注重家庭教育，又要以身作则。首先，党员领导干部要培养家人自觉践行理想信念。习近平总书记在讲话中多次强调，要"自觉做共产主义远大理想和中国特色社会主义共同理想的坚定信仰者和忠实实践者"②。党员领导干部要教育家人端正入党动机，与他们一同在发展过程中自觉主动学习先进的理论知识，接受党的教育，从理论层面保障理想信念的坚定性。党员领导干部还要引导家人自觉遵守党章党规党纪，做到吃苦在前、享受在后，并且时刻以客观标准来衡量自己是否具有坚定的理想信念。要引导家人在平凡的岗位上，为理想不断拼搏奋斗，实现自己的人生价值。其次，党员领导干部要在家庭中以身作则，发挥表率作用。家风建设是领导干部作风建设的重要内容之一。党员领导干部要不断提高理论认识水平，严格按照党章党规党纪标准要求自己，养成纪律自觉。在工作中，正确行使党内的各项权力，做到廉洁用权、廉洁修身、廉洁齐家。对于家庭中出现贪污腐败等问题，党员领导干部要公私分明，有错必究。培养优良家风，有利于促进思想建党和制度治党的相互连接和有效实施。

---

① 习近平关于注重家庭家教家风建设论述摘编 [M]. 北京：中央文献出版社，2021：55.
② 十九大以来重要文献选编（上）[M]. 北京：中央文献出版社，2019：45.

第四章

制度治党的历史进程和历史经验

第四章　制度治党的历史进程和历史经验

回顾中国共产党领导中国人民进行革命、建设、改革的光辉历程，会发现中国共产党之所以"能"，不仅在于中国共产党能够坚定为中国人民谋幸福、为中华民族谋复兴的初心和使命，还在于中国共产党制定了一系列法规制度，以制度的形式巩固初心和使命。中国共产党成立之初就制定了第一部党纲，可以说制度治党的实践伴随着中国共产党百年的奋斗历程，成为中国共产党的鲜明特征，并形成了许多有益经验。

中国共产党制度治党的历史进程

制度治党虽然是在党的十八大之后被提出的，但是重视制度建设是中国共产党的优良传统和宝贵经验。中国共产党制度治党的实践可以追溯到建党之初。回顾党百年来制度治党的历程，可以分为四大阶段，其中1921年至1949年是萌芽阶段，1949年至1978年是探索中前行阶段，1978年至2012年是改革发展阶段，2012年至今是深入发展阶段。

1921—1949年：制度治党在革命中萌芽

1921年至1949年是制度治党的形成和萌芽时期。中国共产党自成立以来就始终强调，要做有严密组织和严格纪律的无产阶级政党。即使在硝烟弥漫的战争年代，中国共产党也非常重视制度建设，创立并形成了一系列规章制度，既保障了中国共产党领导人民进行革命的战斗力和组织力，又作为管党治党的有益经验延续至今。

第一，建立健全民主集中制，规范党内民主生活

中共二大党章明确规定"全国代表大会为本党最高机关。在全国大会闭会期间，中央执行委员会为最高机关"①，"全国大会及中央执行委员会之决议，本党党员皆须绝对服从之"②，"本党一切会议均取决多数，少数绝对服从多数"③。这些规定表明中共二大党章已经蕴含着民主集中制的萌芽，对民主集中制的原则进行了初步阐释。

中共四大通过的《对于组织问题之议决案》进一步提出，党要"实行民主的集权主义"。直到中共五大党章正式把民主集中制规定为党部的指导原则，第一次把民主集中制的原则写入党章。此后，在中共六大党章和七大党章中，又对民主集中制的原则进行了充实和解释。在环境极为严峻复杂的革命时期，中国共产党正是靠着不断坚持并完善民主集中制，与党内的专制主义、极端民主化等各种错误倾向作斗争，来保证无产阶级政党的纪律性和组织性。

---

① 建党以来重要文献选编（1921—1949）（第一册）[M]. 北京：中央文献出版社，2011：167.
② 建党以来重要文献选编（1921—1949）（第一册）[M]. 北京：中央文献出版社，2011：273.
③ 建党以来重要文献选编（1921—1949）（第一册）[M]. 北京：中央文献出版社，2011：274.

第四章 制度治党的历史进程和历史经验

同时，在这一时期形成的"批评与自我批评""惩前毖后，治病救人"等党内民主生活制度也是中国共产党进行制度建设的重要成就和有益经验。

第二，初步确立党委集体领导制度，严格实行集中统一领导

中国共产党自建立以来始终实行委员会制度。中共五大党章明确规定，"中央委员会，选举正式中央委员一人为总书记及中央正式委员若干人组织中央政治局指导全国一切政治工作"①，充分体现了党委集体领导精神。

解放战争时期，为夺取中国革命的最后胜利，中国共产党开展了一系列整党运动。1948年1月，毛泽东为中共中央起草了《关于建立报告制度》的党内指示，对报告制度的适用范围、负责人员以及报告的写作要求等内容都作了具体说明。同年9月，中央政治局会议通过了《中共中央关于各中央局、分局、军区、军委分会及前委会向中央请示报告制度的决议》，正式确立了包括综合报告和其他各项工作报告在内的一整套完备的请示报告制度，极大加强了党的集中统一领导，请示报告制度也在全党被确立下来。也是在这一年的9月，毛泽东发表了《关于健全党委制》的文章，提出，"党委制是保证集体领导、防止个人包办的党的重要制度"②。这进一步加强了党的集体领导、扩大了党内民主。

---

① 建党以来重要文献选编（1921—1949）（第四册）[M]. 北京：中央文献出版社，2011：270.
② 建党以来重要文献选编（1921—1949）（第二十五册）[M]. 北京：中央文献出版社，2011：497.

第三，成立监察委员会，健全党内监督

大革命期间，伴随着革命形势的发展，工人运动的高涨，党员人数激增，许多投机腐败的坏分子进入革命的队伍。1926年8月，中国共产党颁布了党的历史上第一个惩治贪污腐败分子的文件，即《坚决清洗贪污腐化分子》。中国共产党越发认识到建立健全党内监督的重要意义，决定建立监察委员会。中共五大党章中明确提出，"为巩固党的一致及威权起见，在全国代表大会及省代表大会选举中央及省监察委员会"[①]。中共七大党章中第一次明确规定了"党的监察委员会的任务，是决定或取消对党员的处分，受理党员的控诉"[②]。

同时，1932年初至1934年10月，中央苏区开展的反贪污浪费、反官僚主义的斗争，也是中国共产党早期对健全党内监督的有益尝试。其间，中国共产党建立健全财务管理机制，成立工农检查部，设立控告局，赋予群众控告并参与对干部罢免和改选的权利，颁布《关于惩治贪污浪费行为第二十六号训令》，严惩贪污腐败分子。这一系列举措严厉打击了贪污腐败行为。

在新民主主义革命时期，中国共产党比较重视制度建设，为解决党内存在的问题，例如专制主义、分散主义、贪污腐败等，以完善党章和出台决议案的形式进行了制度建设，在民主制集中制、党的集中统一领导、党内监督制度这三个方面取得了显著成果，并作为优良传统被延续下来。但总的来说，这时期中国共产党进行制度建设的自觉性还不强，未形成较完整的党内法规制度体系和系统的制度建设理论，而是呈现出碎片化的特点，所以是制度治党的萌芽阶段。

---

① 建党以来重要文献选编（1921—1949）（第四册）[M]. 北京：中央文献出版社，2011：274.
② 建党以来重要文献选编（1921—1949）（第二十二册）[M]. 北京：中央文献出版社，2011：452.

第四章 制度治党的历史进程和历史经验

1949—1978 年：制度治党在探索中前行

1949 年至 1978 年是制度治党在曲折探索中有发展的阶段。新中国成立之后，中国共产党成为执政党。历史地位的变化和国内外错综复杂的局势对中国共产党的执政能力提出了更高的要求。中国共产党也对自身建设尤其是制度建设进行了一系列探索，取得了成就，但在探索的过程中也遭受了挫折。

第一，民主集中制的发展

新中国成立初期，中国共产党将民主集中制视为优良传统一如既往地坚持。党的八大党章在总纲和第二章中对民主集中制作了更为充分的规定，特别是对民主集中制中的上下级关系问题作了新的说明，凸显了加强民主集中制的必要性。但是在"大跃进"时期和"文化大革命"时期，民主集中制遭到了不同程度的破坏。特别是在"文化大革命"时期，民主集中制被践踏，个人专断、个人崇拜现象逐步盛行，全国各级党政组织几乎陷入半瘫痪状态，党的组织生活遭到了严重破坏。党的九大通过的党章，将林彪定为无产阶级领袖的接班人，更是违反了民主集中制，破坏了党内民主。

1975 年，在毛泽东的支持下，邓小平对全党进行整顿，特别强调要抓制度建设，恢复和建立各种必要的制度，党内生活逐渐恢复，形势出现明显好转。1977 年，党的十一大在北京召开，这次大会是在彻底肃清"四人帮"的形势下召开的，特别强调了要发扬党内民主，健全民主集中制。党的十一大党章规定，"实行这种制度，就是要努力造成又有集中又有民主，又有纪律又有自由，又有统一意志又有个人心情舒畅、生动活泼的政治局面"①。

在这一时期,民主集中制遭受了一定程度的破坏,但是中国共产党及时吸取教训,总结经验,对民主集中制进行了恢复和发展。

第二,党的领导制度的发展

这一时期党的领导制度的发展主要体现在两个方面:一是党的全面领导制度形成并发展,二是党的集体领导制度在曲折中发展。

中国共产党作为执政党,必须领导并团结全国各方力量,共同为建设新中国而奋斗。为加强对中央人民政府的领导,1949年11月,中央政治局通过《关于在中央人民政府内组织中国共产党党委会的决定》。同月,中央又作出《关于在中央人民政府内建立中国共产党党组的决定》。为加强对青年团及其他群众团体的领导,1950年3月,中共中央发出《关于各级党委应该加强对青年团的领导与帮助的指示》。同年4月,中共中央又发布《关于加强青年团及其他群众团体工作的指示》。为加强对民主党派的领导,1952年6月,中共中央通过《关于民主党派工作的决定》。

通过一系列制度安排,中国共产党逐步形成了党的全面领导制度,加强了对全国各方力量的领导。与此同时,党的集体领导制度也在曲折中发展。

1953年12月,经毛泽东修改过的中央宣传部编写的《为动员一切力量把我国建设成为一个伟大的社会主义国家而奋斗——关于党在过渡时期总路线的学习和宣传提纲》发布,这个纲要强调要增强全党的团结,健全党委制,实行集体领导,防止分散主义、个人专断、个

---

① 改革开放三十年重要文献选编(上)[M]. 北京:中央文献出版社,2008:782.

人英雄主义。

为批判高岗、饶漱石的反党活动，1955年3月，中共中央在北京召开党的全国代表会议，会议通过《关于高岗、饶漱石反党联盟的决议》，再一次强调必须贯彻党的集体领导原则。

这一系列规定有效保证了新中国成立后党的集体领导制度的贯彻执行。

虽然在"文化大革命"时期，党的集体领导原则遭到了一定程度的破坏，但是总体上，这一时期党的集体领导制度是得到发展的。

第三，党的干部制度不断完善

新中国成立后，党和国家的组织机构越来越完善，党员干部日益增多，对党员干部进行管理和教育就成了当务之急。

在党员干部的思想教育方面，中共中央于1951年3月发布《关于加强理论教育的决定（草案）》（以下简称《决定》），《决定》指出为提高党员特别是领导干部的理论学习水平，要建立干部理论学习制度。1953年12月，中共中央又作了《关于加强干部文化教育工作的指示》，强调要大量培养与提拔工农干部，并有计划地提高他们的政治、文化、业务水平。

在党员干部的管理方面，1953年11月，中共中央先后出台了《关于加强干部管理工作的决定》和《关于审查干部的决定》。前者决定改变原有的"一揽子"干部管理体制，实行分部、分级的干部管理体制，使干部管理更加精细化，也更适应当前的发展环境。后者决定在两三年内对全国干部进行一次审查，加强对干部队伍的了解，保证干部队伍的纯洁性。

在党员干部的培养方面，1961年9月，中共中央发出《关于轮训干部的决定》，决定以短期训练班的方式，从社会主义建设和党的建设两个方面对县委书记和相当于这一职务以上的党员干部进行轮训。1962年9月，中共中央在党的八届十中全会上又通过《关于有计划有步骤地交流各级党政主要领导干部的决定》，决定在全国范围内对县以上各级党委和国家机关中担任主要领导职务的党员干部进行有计划的交流，干部交流制度由此形成。

这一时期，中国共产党对干部培养管理制度的一系列探索，不仅为社会主义改造和社会主义建设的顺利进行提供了骨干力量，也形成了较多实用的制度规范，并留下了许多有益的经验。

第四，党的监督机制不断健全

这一时期，中国共产党既重视完善党内监督机制，又重视发挥党外监督的重要性。

从党内监督来看，新中国成立之初，中国共产党就立即成立党的各级纪律检查委员会。1949年11月，中共中央政治局会议通过《关于成立中央及各级党的纪律检查委员会的决定》，规定中央及各级党的纪律检查委员会的任务和职权，主要工作是检查党员执行党纪的情况。随着形势的发展，党的纪律检查委员会已经不能满足大规模的社会主义改造和社会主义建设的需要。1955年3月，中国共产党全国代表会议通过《关于成立党的中央和地方监察委员会的决议》，决定成立党的中央和地方监察委员会，代替各级党的纪律检查委员会。在"文化大革命"中，党的九大党章撤销了党的监察委员会。但是在彻底结束动乱之后，党的十一大党章又重新设立了党的各级纪律检查委员会。

从党外监督来看，中国共产党自觉践行群众路线，自觉接受群众监督和社会监督。1950年4月，中共中央作出《关于在报纸刊物上展开批评与自我批评的决定》，要求"在一切公开的场合，在人民群众中，特别在报纸刊物上展开对于我们工作中一切错误和缺点的批评与自我批评"[①]。1951年1月，中共中央作出《关于在全党建立对人民群众的宣传网的决定》，要求各级党组织建立宣传员和报告员的制度，加强党和群众之间的联系。这些制度安排都有助于群众和社会团体对中国共产党进行监督。

新中国成立后，在社会主义革命和建设时期，中国共产党继承了新民主主义革命时期形成的制度，并对这些制度进行补充完善；同时，又对党的制度建设进行了新的探索，尤其是在借鉴苏联共产党制度建设经验基础上发展了党的干部制度。这一时期党的制度建设虽然历经曲折，但整体上呈现发展和上升的态势。

1978—2012年：制度治党在改革中发展

1978年至2012年是制度治党的改革发展阶段。进入改革开放和社会主义现代化建设新时期，面对新局面、新形势和新挑战，中国共产党以改革创新精神不断推进党的建设，明确提出党的制度建设的历史任务，强调要重视并切实加强党的制度建设，将党的制度建设作为从严治党的有力抓手，在理论创新和实践成果方面丰富和发展了制度治党思想。

第一，完善民主集中制，发展党内民主制度

党的十一届三中全会恢复了以民主集中制为主要内容的组织路线。

[①] 建国以来重要文献选编（第一册）[M]. 北京：中央文献出版社，1992：190.

1981年6月，党的十一届六中全会审议通过《关于建国以来党的若干历史问题的决议》，强调必须把我们党建设成为具有健全的民主集中制的党。随后，党的十二大党章对民主集中制的基本原则作了更加系统和全面的规定。这表明中国共产党在总结经验和教训的基础上对民主集中制的重要性有了充分认识。1994年9月，党的十四届四中全会作了《中共中央关于加强党的建设几个重大问题的决定》，其中一个重大问题就是要坚持和加强民主集中制。党中央指出，"民主集中制贯彻得好不好，关系到党的事业的兴衰成败"①。要求在全党加强民主集中制的教育，健全贯彻民主集中制的各项具体制度，完善党内政治生活的各项准则。这一时期，民主集中制作为党的根本组织制度和领导制度始终被一以贯之地坚持和发展。

除此之外，党内民主制度在这一时期也获得了极大的发展。1982年9月，党的十二大对党内的选举制度进行了改革，对中央委员、候补中央委员和中央纪律检查委员会委员候选人等采取差额选举办法，向民主选举迈出了重要一步。党的十七大党章进一步规定要实行党务公开、巡视制度、党的各级代表大会代表任期制。这一时期出台的一系列制度，例如《党内政治生活的若干准则》《中央组织部关于建立民主评议党员制度的意见》《中国共产党党员权利保障条例》等，都是中国共产党对党内民主制度进行积极有益探索的体现和成果。

第二，改革党的领导制度，完善党的领导方式

1980年8月，邓小平在北京召开的中共中央政治局扩大会议上作了《党和国家领导制度的改革》的讲话，这篇讲话不但强调了制度建

---

① 十四大以来重要文献选编（中）[M]. 北京：人民出版社，1997：959.

设的极端重要性，提出党的制度建设的历史任务，还对党和国家领导制度作出了许多调整和改革。邓小平指出，要解决党政不分、以党代政的问题，要求凡属政府职权范围内的工作，都由国务院和地方各级政府讨论、决定和发布文件，不再由党中央和地方各级党委发指示、作决定。邓小平还指出，要有准备有步骤地改变党委领导下的厂长负责制、经理负责制，还有党委领导下的校长、院长、所长负责制等，各级党委要真正实行集体领导和个人分工负责相结合的制度。这些改革对于改善和加强党的领导具有重要意义。党的十三大又进一步提出党政分开的改革思路，指出党对国家事务实行政治领导，应划清党组织和国家政权的职能。

但随着改革不断推进，出现了淡化党的领导的现象。为了加强党的领导和党的建设，1989年8月，中共中央发出《关于加强党的建设的通知》，指出高等院校实行党委领导下的校长负责制，党委是学校的政治核心，同时支持行政领导独立负责工作；国有企业实行厂长（经理）负责制，党在企业的基层组织中处于政治核心地位，不能淡化基层党组织的作用，削弱党的领导；农村基层党组织中，农村乡镇党委和村党支部要充分发挥核心领导作用。

1989年12月，中共中央发布《关于坚持和完善中国共产党领导的多党合作和政治协商制度的意见》，指出中国共产党对各民主党派的领导是政治领导。这一系列制度的推出扭转了党的影响力下降的局面。

党的十六大党章在对党的领导基本要求中，又增加了党必须按照总揽全局、协调各方的原则来完善领导体制。党的十七大以科学执政、民主执政、依法执政为要求来健全党的领导体制，改进党的领导方式。

第三，改革党的干部人事制度，完善选人用人机制

这一时期党的干部制度不断走向科学化和规范化。这首先体现在废除领导干部职务终身制，建立退休制度。着眼于实现干部队伍的革命化、年轻化、知识化、专业化这一目标，1980年4月，中共中央政治局通过《中共中央关于丧失工作能力的老同志不当十二大代表和中央委员候选人的决定》。1982年2月，中共中央又作出《关于建立老干部退休制度的决定》。

步入新世纪，党中央把干部人事制度作为党的建设的重中之重来抓。2000年6月，中共中央办公厅印发《深化干部人事制度改革纲要》。2002年7月，中共中央颁发《党政领导干部选拔任用工作条例》。这些文件体现了面向新世纪干部人事制度改革总思路和新举措，对干部的选拔任用制度、考核制度、交流制度、监督制度都作了比较系统和完整的规定，标志着党的干部工作走向制度化、规范化和科学化。

党的十六大以来，党中央高度重视干部人事制度改革。2004年9月，党的十六届四中全会审议通过了《中共中央关于加强党的执政能力建设的决定》，指出要深化干部人事制度改革，建设一支善于治国理政的高素质干部队伍。2008年2月召开的党的十七届二中全会对党的建设作了新的具体部署，在干部人事工作方面，特别强调了要坚持德才兼备、以德为先的用人标准，完善干部任用选拔机制，健全干部管理体制。伴随着干部人事制度改革的推进，一系列相关法规制度相继出台，初步形成了干部人事工作制度法规体系。

第四，完善党的监督制度和党风廉政制度

1979年1月，中共中央纪律检查委员会第一次全体会议在北京举行，会议讨论通过了《中共中央纪律检查委员会关于工作任务、职权

范围、机构设置的规定》以及《中共中央纪律检查委员会第一次全会通告》，拟定了《关于党内政治生活的若干准则（草案）》，这意味着党的纪律检查工作重新步入正轨，党内各级纪律检查机关迅速建立起来。

随着改革开放向纵深推进，腐败之风和资产阶级自由化思想滋生蔓延。1990年3月，党的十三届六中全会通过《中共中央关于加强党同人民群众联系的决定》，提出以七项举措来加强党风廉政建设，并强调要积极疏通和拓宽同人民群众联系的渠道，要发挥好人大及其常委会、民主党派和无党派人士、社会团体对党的监督作用。

党的十六大以来，一系列重要的反腐倡廉制度法规相继出台。1997年，中共中央先后出台《中国共产党党员领导干部廉洁从政若干准则（试行）》和《中国共产党纪律处分条例（试行）》。2003年至2005年，中共中央又先后出台《中国共产党党内监督条例（试行）》《建立健全教育、制度、监督并重的惩治和预防腐败体系实施纲要》。这些重要法规的颁布和实施标志着党的反腐败工作和廉政建设进入制度化、规范化阶段。

党的十七大以来，党中央继续推进反腐倡廉，不断完善反腐倡廉的领导体制和工作机制，建立健全权力运行机制，从源头大力推进制度改革，并出台了一系列重要法规制度，例如《中国共产党党员领导干部廉洁从政若干准则》《关于领导干部报告个人有关事项的规定》《关于对配偶子女均已移居国（境）外的国家工作人员加强管理的暂行规定》《关于实行党风廉政建设责任制的规定》，初步形成了反腐倡廉的制度体系。

在改革开放和社会主义现代化建设新时期，中国共产党提出制度建设的历史任务，对制度建设重要性的认识更加深刻，进行制度建设的自觉性增强。通过中央领导集体的不懈努力，逐步形成了一个比较完整的党内法规制度体系，使党的制度建设走向科学化。在这一时期，党的制度建设在理论和实践上都获得了极大的发展，不断走向深入。

2012年至今：制度治党在实践中深化

中国特色社会主义进入新时代，制度治党作为一个正式的概念被提出，并且在实践中不断深化。2014年10月8日，习近平总书记根据世情、国情和党情的变化，在党的群众路线教育实践活动总结大会上正式提出"制度治党"这一概念。制度治党既是对以往党的制度建设经验的总结和升华，也是新形势下全面从严治党的关键举措。以习近平同志为核心的党中央深入推进制度治党理论和实践的发展，形成了较为完备的制度治党体系。

第一，提高制度的科学性和系统性

新形势下，全面从严治党的任务更为紧迫，面对的问题更为复杂，很多党内法规制度已经不能适应实践的发展。

党的十八大以来，以习近平同志为核心的党中央坚持"破"与"立"并举，不断创新发展新制度，废止清理不合时宜的旧制度，对党内法规制度建设进行整体布局，不断提高党内法规制度的科学性和系统性。

2013年5月，中共中央为规范党内法规制度制定工作，对党内法规制度制定进行科学规划、顶层设计，出台了《中国共产党党内法规制定条例》和《中国共产党党内法规和规范性文件备案审查规定》。这两份文件对于建立健全党内法规制度体系、增强党内法规制度的科学性和系统性具有重要意义。

2013年11月，中共中央发布了《中央党内法规制定工作五年规划纲要（2013—2017年）》，这是我们党历史上第一次为党内法规制定工作编制五年规划。2018年2月，中共中央出台了《中央党内法规制定工作第二个五年规划（2018—2022年）》，提出到建党100周年时形成以党章为根本、以准则条例为主干，覆盖党的领导和党的建设各方面的党内法规制度体系，并随着实践发展不断丰富完善。

以这两个五年规划为指导，党内法规制度质量显著提高，系统性和科学性明显增强，比较完备的党内法规制度体系基本形成。

党内法规制度的"瘦身"工作也在有序进行。党的十八大以来，中共中央先后出台《中共中央关于废止和宣布失效一批党内法规和规范性文件的决定》《中共中央关于再废止和宣布失效一批党内法规和规范性文件的决定》等文件，对那些滞后于实践发展，同党章和党的理论路线方针政策相抵触，同宪法和法律不一致的党内法规制度进行大规模清理、废止。并且强调在开展集中清理工作的同时，要建立健全定期清理和即时清理机制，今后一般每5年对党内法规和规范性文件开展一次集中清理。定期的清理工作对于维护党内法规制度协调统一，加快构建党内法规制度体系，切实提高党的建设科学化水平，具有重要而深远的意义。

第二，不断完善党的领导制度体系

进入新时代，改革发展任务越发繁重，国际国内环境复杂多变，"两个一百年"奋斗目标日益紧迫，这就需要中国共产党提高自身的领导能力和执政水平，确保自己始终成为中国特色社会主义事业的领导核心，成为中国人民和中华民族的主心骨，紧紧将全国各族人民凝聚起来，将思想和行动统一到共同目标上来。

党的十八大以来，以习近平同志为核心的党中央始终强调党是最高的领导力量，要坚持党对一切工作的领导。为维护党中央权威和集中统一领导，党中央相继出台了《关于在深化国有企业改革中坚持党的领导加强党的建设的若干意见》《中国共产党地方委员会工作条例》《领导干部报告个人有关事项规定》《领导干部个人有关事项报告查核结果处理办法》《关于新形势下党内政治生活的若干准则》《中国共产党党组工作条例（试行）》等多部重要党内法规，对党员行为和党组织生活进行规范，确保党员干部增强"四个意识"、坚定"四个自信"、做到"两个维护"。

2019年6月，党中央在全党开展"不忘初心、牢记使命"主题教育，并且强调建立"不忘初心、牢记使命"制度。这是中国共产党完善党的领导制度体系的重要举措。党的十九届四中全会对坚持和完善党的领导制度体系作了专门研讨和重要部署，强调"中国共产党领导是中国特色社会主义最本质的特征，是中国特色社会主义制度的最大优势，党是最高政治领导力量。必须坚持党政军民学、东西南北中，党是领导一切的，坚决维护党中央权威，健全总揽全局、协调各方的党的领导制度体系，把党的领导落实到国家治理各领域各方面各环节"[①]。这使党的领导制度体系被广泛重视起来。

第三，进一步健全党内反腐倡廉制度

党的十八大以来，以习近平同志为核心的党中央高度重视党风廉政建设和反腐败斗争，把党风廉政建设和反腐败斗争提到关系党和国家生死存亡的高度来认识，以零容忍态度惩治腐败。习近平总书记强调："要加强对权力运行的制约和监督，把权力关进制度的笼子里，形

---

① 十九大以来重要文献选编（中）[M]. 北京：中央文献出版社，2021：272.

成不敢腐的惩戒机制、不能腐的防范机制、不易腐的保障机制。"① 党中央相继出台了一系列法规制度，把制度的笼子扎紧扎实，发挥制度的威慑力，从根本上构筑反腐机制。

2015年10月，党中央颁布《中国共产党纪律处分条例》，旨在严肃党的纪律，维护党章和其他党内法规的权威性、严肃性，教育党员遵纪守法。

2016年7月，党中央颁布《中国共产党问责条例》，进一步规范和强化了党的问责工作，旨在通过健全问责制度倒逼责任落实，推动管党治党从宽松软走向严紧硬。

2016年10月，党的十八届六中全会通过《中国共产党党内监督条例》。这是强化党内监督的重要法规，充分反映了党的十八以来党中央全面从严治党的新经验、新成果。《中国共产党党内监督条例》以党章为根本遵循，聚焦党内监督薄弱环节，健全党内监督制度、创新党内监督方式、明确党内监督责任、全面覆盖党内成员，极大促进了党内监督制度化、规范化、程序化，对反腐倡廉建设起到了重要推动作用。

2017年7月，党中央又颁布了《中国共产党巡视工作条例》，规范了巡视的范围内容、方式、程序，明确了巡视责任。自党的十六大正式开展巡视工作以来，巡视制度在探索中发展、在发展中不断创新完善，一直是加强党内监督的重要方式。《中国共产党巡视工作条例》将巡视工作的实践成果以制度形式固定下来，推动了巡视工作制度化、规范化，有利于深化政治巡视，进一步发挥巡视监督利剑作用。

这一系列党内重要法规制度的出台为党风廉政建设和反腐败斗争

---

① 十八大以来重要文献选编（上）[M].北京：中央文献出版社，2014：136.

构筑起严密结实的制度笼子，基本上形成了不敢腐、不能腐、不想腐的反腐机制。

第四，深化党的干部人事制度改革

推进党的建设新的伟大工程需要更高素质的人才队伍，党对人才的渴望比任何时候都更为强烈。党的十八大以来，党中央多措并举，不断深化党的干部人事制度改革。

随着党员队伍的不断扩大，党员发展工作和党员管理工作面临着新形势新任务，党中央及时出台了《关于加强新形势下发展党员和党员管理工作的意见》，提出了要提高党员发展质量，优化党员队伍结构，强化党员管理等指导方针。2014年6月，党中央正式出台《中国共产党发展党员工作细则》，进一步规范了党员发展工作，提出了要把政治标准放在首位的思想。

党中央也出台了一系列制度，对干部的选拔任用进行规范，把严和实的要求贯穿到选人用人的全过程。2014年1月，党中央修订并颁布了《党政领导干部选拔任用工作条例》，提出了"信念坚定、为民服务、勤政务实、敢于担当、清正廉洁"的好干部标准，树立了正确的选人用人导向。

让领导干部能上能下，是干部管理工作的难点问题。为解决这一问题，2015年7月，中共中央办公厅出台《推进领导干部能上能下若干规定（试行）》，重点解决干部能下的问题，让为官不正、为官不为、为官乱为的乱象得到遏制，督促领导干部自觉践行"三严三实"的要求。

为解决"带病提拔"问题，落实从严管理干部要求，2016年8月，党中央出台《关于防止干部"带病提拔"的意见》，强调要坚持党管干部原则和好干部标准,深化对干部的日常了解,注重分析研判,加强动议审查,强化任前把关,严格责任追究,切实防止"带病提拔"。

注重从思想上教育党员一直是党的优秀传统。党的十八大以来,党中央在全党开展"两学一做"学习教育,相继出台《关于在全体党员中开展"学党章党规、学系列讲话,做合格党员"学习教育方案》《关于推进"两学一做"学习教育常态化制度化的意见》,强调要把党的思想政治建设抓在日常、严在经常,教育引导党员自觉按照党员标准规范言行,以尊崇党章、遵守党规为基本要求,用习近平新时代中国特色社会主义思想武装头脑。

中国特色社会主义进入新时代,"制度治党"概念被正式提出,并且被提升到关系党的建设全局的高度。与以往党的制度建设相比,制度治党更注重党内法规制度由"量"到"质"的转变,更注重由"制"到"治"的转变,更注重制度文化和制度精神的培育。这一时期,以习近平同志为核心的党中央以改革创新精神补齐党内法规制度短板,不断完善党内法规制度体系,使党的各方面制度更加成熟、更加定型,基本上建成了比较完善的党内法规制度体系。

中国共产党制度治党的历史经验

纵观中国共产党的百年历史进程,正是通过紧紧依靠制度治党这一优良传统和宝贵经验来解决党内问题,化解风险矛盾,才能始终保持党的团结统一,维护党内秩序。在进行制度治党、依规治党探索的过程中,中国共产党形成了必须服从和服务于党的政治路线、把制度治党摆在更加重要的位置、以党章为根本依据健全党内法规制度体系、以民主集中制为核心进行党的制度建设、坚持党员在党内法规制度面前人人平等等历史经验。我们必须要坚持继承与创新相统一，继承中国共产党制度治党、依规治党的宝贵经验，推动全面从严治党进一步走向深入。

必须服从和服务于党的政治路线

党的政治路线是党的生命线，直接关系到党的生死存亡。"党的政治路线是中国共产党根据革命、建设、改革、新时代各个不同历史发展阶段的社会政治经济状况和所要解决的主要矛盾制定的，用以总揽全局的基本准则。"① 党的政治路线决定着党的建设的方向，在不同时期有着不同的名称，有时叫政治路线，有时叫总路线，有时叫基本路线。中国共产党百年奋斗实践证明，只要党制定出正确的政治路线，党的事业就能向前发展；反之，如果党的政治路线发生偏差，党的事业就会受到损害。正确政治路线制定之后，制度治党必须服从和服务于党的政治路线。

制度治党与党的政治路线之间是辩证统一的关系

中国共产党制度治党需要正确的政治路线的引领，而以党内法规形式确定下来的正确的政治路线，则需要党内法规制度保驾护航。因为只有这样，党的政治路线才能发挥作用。中国共产党制度治党首要任务是以制度的形式保障党的政治路线得到正确有效的贯彻落实。制度治党必须与党的政治路线联系起来，这是百年来党的建设的一条基本经验，也是一条基本遵循。

---

① 李仁彬，施俊伟，董波等.制度建党理论与实践[M].北京：国家行政学院出版社，2022：235.

第四章 制度治党的历史进程和历史经验

制定正确的政治路线是党的建设的根本任务，正如毛泽东在《〈共产党人〉发刊词》中指出的，"帮助建设一个全国范围的、广大群众性的、思想上政治上组织上完全巩固的布尔什维克化的中国共产党"①是党的建设的根本任务。制度治党是党的建设在制度层面的集中体现，因此，制定正确的政治路线也是制度治党的根本任务。反过来，制度治党必须在党的政治路线所规定的方向下进行，要围绕党的中心任务展开。因为只有这样，才能保证制度治党始终是沿着正确的轨道前行的。

在不同的历史时期，党的政治路线是不一样的；相应地，根据不同的政治路线，制度治党的内容也不同。

新民主主义革命时期，党的政治路线正确与否直接关系到党内法规制度建设成效

错误的政治路线会导致党内法规制度建设出现偏差。建党初期，尤其是大革命时期，党的政治路线受到共产国际的影响，党的独立性弱化，最终导致大革命失败。土地革命时期，党的组织法规建设中，过分强调工人阶级成分，忽视在农民阶级和城市小资产阶级中发展党员，并认为革命的高潮已经来临，主张在大城市发动武装暴动，最后给党的事业造成严重损失。

正确的政治路线，能指引党内发挥制度建设朝着正确的方向前进。抗日战争时期，中国共产党先后召开瓦窑堡会议和洛川会议，确立了抗日民族统一战线和全面抗战路线。这一时期的党内法规制度建设都是在党的抗日民族统一战线和全面抗战路线的指引下展开的。毛泽东特别强调了制定详细党内法规制度的重要性。他在党的六届六中全会

---

① 毛泽东选集（第二卷）[M]. 北京：人民出版社，1991：602.

上指出:"为使党内关系走上正轨,除了上述四项最重要的纪律外,还须制定一种较详细的党内法规,以统一各级领导机关的行动。"① 在正确政治路线的指引下,抗日战争时期的党内法规制度建设不仅提出了党内法规的概念,而且初步形成了以七大党章为核心的党内法规制度体系。新民主主义革命时期,中国共产党贯彻新民主主义革命总路线,制定了一系列以党章为核心的各项党内法规制度,为新民主主义革命的胜利提供了坚实的制度保障。

社会主义革命和建设时期,由于中国共产党角色的变化,党的政治路线随之发生变化,党内法规制度建设也不断发展

社会主义革命时期,中国共产党在国民经济迅速恢复的基础上,提出了"在一个相当长的时期内,基本上实现国家工业化和对农业、手工业、资本主义工商业的社会主义改造"的过渡时期总路线,简称"一化三改"。毛泽东指出:"这条总路线,应是照耀我们各项工作的灯塔,各项工作离开它,就要犯右倾或'左'倾的错误。"② 为了完成"一化三改"的目标,中国共产党制定了一系列党内法规制度,为我国顺利从新民主主义社会过渡到社会主义社会提供了坚强的制度保障。社会主义建设时期,党的政治路线开始偏离正确的方向,科学的党内法规制度没有得到有效的尊崇,党内法规制度建设在曲折中不断向前。

改革开放和社会主义现代化建设新时期,中国共产党面临的形势和任务发生了深刻变化

为了适应新形势新任务的需要,党中央制定了多部重要党内法规。

---

① 毛泽东选集(第二卷)[M]. 北京:人民出版社,1991:528.
② 建国以来重要文献选编(第四册)[M]. 北京:中央文献出版社,1993:349.

第四章 制度治党的历史进程和历史经验

1980年制定的《关于党内政治生活的若干准则》（以下简称《准则》），既对当时党内存在的突出矛盾和突出问题给出了指导性的解决措施，又对党在实践中积累的经验和吸取的教训进行了总结，其主要原则和规定至今都发挥着重要作用。习近平总书记指出："一九八〇年制定的《关于党内政治生活的若干准则》，对于当时恢复和健全党内民主、维护党的集中统一、严肃党的纪律、促进党的团结，实现政治上、思想上、组织上、作风上的拨乱反正，实现全党工作中心的转移，发挥了重要历史作用。当前，《准则》对我们严肃和规范党内政治生活、弘扬党的优良传统和作风仍具有重要现实指导意义。"①

同时，党中央采取断然举措，对那些违反党的基本路线、反对四项基本原则、搞资产阶级自由化的行为，对那些制造和散播政治谣言的行为，严格按照党规党纪给予惩处。1987年，中央纪委先后发出《关于共产党员必须严格遵守党章的通知》《关于旗帜鲜明地同资产阶级自由化思潮作斗争的通报》，要求全党遵守政治纪律，同资产阶级自由化思潮进行斗争，从而使坚持四项基本原则得以保证。

中国特色社会主义进入新时代，党中央着重强调在新的历史条件下加强政治纪律建设

习近平总书记在十八届中央纪委二次全会上强调："现代政党都是有政治纪律要求的，没有政治上的规矩不能成其为政党。"②习近平总书记多次强调全党要遵守政治纪律，并且把政治纪律同政治规矩放在一起一同强调，要求党的各级组织和全体党员不仅要遵守成文的政治

---

① 十八大以来重要文献选编（下）[M]. 北京：中央文献出版社，2018：406.
② 习近平关于严明党的纪律和规矩论述摘编 [M]. 北京：中央文献出版社、中国方正出版社，2016：16.

纪律和政治规律，而且要遵守那些在历史上形成的经过实践检验、约定俗成、行之有效的政治纪律和政治规律。

2017年，《中共中央关于印发〈中国共产党纪律处分条例〉的通知》明确要求各级党委（党组）"要把严守政治纪律和政治规矩永远排在首要位置，通过严肃政治纪律和政治规矩带动其他纪律严起来"；"党员领导干部要以身作则，带头增强党章党规党纪意识，敢于担当、敢于较真、敢于斗争，确保把党章党规党纪落实到位；广大党员要牢固树立党章党规党纪意识，严格遵守国家法律法规，守住纪律'底线'，自觉做守纪律、讲规矩的模范。"① 党的二十大报告强调："加强党的政治建设，严明政治纪律和政治规矩，落实各级党委（党组）主体责任，提高各级党组织和党员干部政治判断力、政治领悟力、政治执行力。"②

把制度治党摆在更加重要的位置

中国共产党进行制度治党的实践深刻表明，要保证中国共产党的长期执政，保证中国共产党始终为人民谋利益，就必须发挥党内法规制度根本性、全局性、稳定性、长期性作用，确保中国共产党始终以自我革命的勇气来提升自我监督和自我净化能力。中国共产党始终围绕党的中心任务来加强党内法规制度建设，用完备的党内法规制度保障党的中心任务的完成。一百多年的党内法规制度建设证明：什么时候中国共产党重视党内法规制度建设，党的凝聚力就强，党的事业就会蓬勃发展；什么时候中国共产党不够重视党内法规制度建设，党的

---

① 十八大以来重要文献选编（中）[M]. 北京：中央文献出版社，2016：728.
② 习近平. 高举中国特色社会主义伟大旗帜 为全面建设社会主义现代化国家而团结奋斗——在中国共产党第二十次全国代表大会上的报告[M]. 北京：人民出版社，2022：64-65.

凝聚力就弱，党的事业就会遭受挫折。在党的历史各个时期，中国共产党靠着不断建立健全党内各项制度来解决党内问题，净化党内生态。

新民主主义革命时期，中国共产党依据马克思主义建党思想，围绕党的中心任务制定了一系列党内法规制度。中国共产党以建立有严密组织和严格纪律的无产阶级政党为目标，强调要构建严密的集权的有纪律的组织，为此，先后制定了《中国共产党第一个纲领》《中国共产党章程》等党内法规，并在不同阶段进行修改和完善。同时，中国共产党还颁布了一些贯彻执行《中国共产党章程》的条文规定，保证了我们党在恶劣的革命斗争环境中，能够始终围绕党的中心任务开展工作。此外，中国共产党还发展出民主集中制、"支部建在连上"、党委制等有效制度。这些制度保证了党的统一性和纪律性，使党能够在复杂的局势中不断增强战斗力，发挥先锋队作用。整体而言，这一时期，党内法规制度建设为党从小到大、由弱变强保驾护航，更为新民主主义革命的胜利提供了坚实的制度保障。但是，不可否认，建党初期党的法规制度体系还不完善，难以对各级党组织和党员进行有效监督和制约，导致在革命过程中盲目地听命于共产国际代表、听命于党内"家长式"的领导，出现了"左"倾和右倾错误，给党的事业造成了严重损失。

社会主义革命和建设时期，中国共产党开始了执政后党内法规制度建设的历程。新中国成立后，中国共产党的中心任务是尽快恢复国民经济，解决人民群众的吃饭问题。为此，党不断加强自身建设，制定了一些符合新中国经济发展要求的党内法规制度，为1952年底新中国的经济恢复提供了有力支撑。社会主义改造完成后，中国共产党的中心任务是在经济文化落后的基础上进行社会主义建设，满足人民群众日益增长的物质文化需要。但是，当时党内法规制度建设不健全，

"文化大革命"又使党内法规制度遭到了严重破坏。"文化大革命"结束后,中国共产党深刻总结经验教训,把党内法规制度建设作为一项事关全局的基础性工作来抓。

改革开放和社会主义建设新时期,中国共产党紧紧围绕经济建设这个中心任务,不断推进党内法规制度建设。1978年,党的十一届三中全会针对党内法规制度建设存在的问题,提出要从健全党的民主集中制、健全党规党法、严肃党纪等方面着手进行完善。全会公报明确指出:"国要有国法,党要有党规党法。全体党员和党的干部,人人遵守党的纪律,是恢复党和国家正常政治生活的起码要求。"[①] 1980年,党的十一届五中全会通过的《关于党内政治生活的若干准则》就明确指出:"全党同志一定要振奋革命精神,彻底肃清林彪、'四人帮'的流毒,排除各种干扰和阻力,把维护党规党法,切实搞好党风这件关系到四个现代化的成败,关系到党和国家前途和命运的大事做好,使我们党成为更加团结一致,更加朝气蓬勃,更加具有战斗力的无产阶级先锋队组织。"[②] 邓小平提出并阐述了从制度上建党的重要性和必要性。他指出:"我们过去发生的各种错误,固然与某些领导人的思想、作风有关,但是组织制度、工作制度方面的问题更重要。"[③] 为此,他在中央政治局扩大会议上作《党和国家领导制度的改革》的报告时,对党内法规制度在党的建设中的重要性,作了全面深刻的阐述。1983年,党的十二届二中全会通过的《中共中央关于整党的决定》中指出:"经过这次整党,要努力建立、健全和改革党内生活的各种必要制度。"[④] 党的十三届四中全会明确提出要加强党的制度建设,以确保党的中心任

[①] 改革开放三十年重要文献选编(上)[M]. 北京:中央文献出版社,2008:20.
[②] 改革开放三十年重要文献选编(上)[M]. 北京:中央文献出版社,2008:136.
[③] 邓小平文选(第二卷)[M]. 北京:人民出版社,1994:333.
[④] 十二大以来重要文献选编(上)[M]. 北京:人民出版社,1986:407.

第四章 制度治党的历史进程和历史经验

务的实现。党的十三届四中全会后,中国共产党侧重通过加强党内监督制度、反腐倡廉制度等党内法规制度体系的建设来解决存在的问题。《中国共产党党员领导干部廉洁从政若干准则(试行)》《关于实行党风廉政建设责任制的规定》等党内法规制度的颁布,大大提高了从严治党的效果。江泽民在党的十六大报告中指出:"一定要把思想建设、组织建设和作风建设有机结合起来,把制度建设贯穿其中。"① 党的十六大后,党根据新世纪面临的形势和任务,把加强党内法规制度建设、构建完善的党内法规制度摆在非常重要的位置。胡锦涛在党的十六届中央纪委五次会议上指出,要"继续在完善制度上下功夫,推进反腐倡廉工作的制度化、法制化,发挥法规制度的规范和保障作用"②。在党的十七届四中全会上,胡锦涛进一步指出,加强党的建设,必须"坚持继承和创新相结合,坚持用时代发展要求审视自己、以改革创新精神提高和改善自己,不断推动党的建设实践创新、理论创新、制度创新,建立健全以党章为根本、以民主集中制为核心的制度体系,推进党的建设科学化、制度化、规范化,发展党内民主,保障党的团结统一,增强党的创造活力"③。

中国特色社会主义进入新时代,中国共产党的执政环境依旧复杂多变,党内还存在着党的领导弱化、组织涣散、纪律松弛等问题,解决这些问题就需要全面加强制度建设,系统深入地推进制度治党。这要求我们必须把制度治党摆在更加重要的位置,以制度治党来推进全面从严治党走向深入。党的十八大以来,以习近平同志为核心的党中央把制度治党提到了前所未有的高度,坚持思想建党与制度治党紧密

---

① 十六大以来重要文献选编(上)[M]. 北京:中央文献出版社,2005:612.
② 十六大以来重要文献选编(中)[M]. 北京:中央文献出版社,2006:600-601.
③ 十七大以来重要文献选编(中)[M]. 北京:中央文献出版社,2011:144.

结合，把制度建设贯穿于党的建设中，把权力关在制度的笼子里，并提出依规治党，加强党内法规制度建设，全方位立体式推进制度治党。党的十九大报告提出，要"增强依法执政本领，加快形成覆盖党的领导和党的建设各方面的党内法规制度体系，加强和改善对国家政权机关的领导"[1]。党中央先后出台了《中央党内法规制定工作五年规划纲要（2013—2017年）》《中央党内法规制定工作第二个五年规划纲要（2018—2022年）》等文件，明确到建党100周年时要形成比较完善的党内法规制度体系，为新时代制度治党提供了基本遵循和指明了前进方向。党的二十大报告再次强调要坚持制度治党、依规治党，完善党内法规制度体系。习近平总书记也强调，"要建立健全相关制度，用制度管权管事管人。要突出重点，重在管用有效，全方位扎紧制度笼子，更多用制度治党、管权、治吏"[2]。新时代中国共产党制度治党理论在全面从严治党的实践中不断地发展完善，为提高党的执政能力和执政水平、提高党的建设质量，实现建设社会主义现代化强国的奋斗目标提供了坚强的制度保障。

以党章为根本遵循健全党内法规制度体系

党章是党的根本大法，是最高行为规范准则，是制定其他党内法规制度的基础和依据，是立党、治党、管党的总章程，党内其他各项规章制度都不得与党章相违背。在党内法规制度体系中，党章具有至高无上的地位，是党内具有最高权威的法规。邓小平在《解放思想，实事求是，团结一致向前看》中指出："国要有国法，党要有党规党法。

---

[1] 习近平谈治国理政（第三卷）[M]. 北京：外文出版社，2020：53.
[2] 习近平关于全面从严治党论述摘编 [M]. 北京：中央文献出版社，2016：110.

第四章 制度治党的历史进程和历史经验

党章是最根本的党规党法。没有党规党法，国法就很难保障。"① 因此，必须维护党章的权威，以党章为根本遵循来健全党内法规制度体系。

党章的发展史也是中国共产党进行自身建设的发展史。一方面，中国共产党依据不同时期所面临的形势和任务对党章进行修改和调整；另一方面，又将经过实践检验的成功经验和优良传统内化于党章，作为制度延续下去。因此，党章是中国共产党发展壮大的见证，也是这过程中不可或缺的一部分。中国共产党始终重视对党章进行修改完善，并且始终强调党章的核心地位。迄今为止，中国共产党先后18次修改党章，每一次修改都是对党面临形势和任务的有力回应，也是对全部党组织和全体党员做出的新要求和新规范。

新民主主义革命时期，中国共产党开始制定党章，并根据革命形势的需要，不断地进行修改和调整。1921年7月，党的一大虽然没有制定党章，但是会议通过的党的纲领具有临时党章的性质。1922年7月，党的二大通过的党章又从党员、组织、会议、纪律、经费、附则等六个方面对一大党纲进行了丰富和完善，标志着党的创建工作基本完成。1927年，党的五大党章是在党的五大之后产生的，对党内法规制度的制定具有指导意义，影响着当时革命实践的发展。1928年7月，党的六大通过的党章重视基层党组织建设和党员发展工作，具有非常明显的苏联共产党党章的印迹，强调"定名：中国共产党为共产国际之一部分，命名为：中国共产党，共产国际支部"②，规定党的全国代表大会须"由中央委员会得共产国际之同意后召集之"③。1945年6月，党的七大党章是在中国共产党即将取得抗日战争胜利的背景下通过的，

---

① 邓小平文选（第二卷）[M]. 北京：人民出版社，1994：147.
② 建党以来重要文献选编（1921-1949）（第五册）[M]. 北京：中央文献出版社，2011：470.
③ 建党以来重要文献选编（1921-1949）（第五册）[M]. 北京：中央文献出版社，2011：478.

七大党章的特点在于制定了总纲，在总纲中明确规定了党的性质、党的指导思想、中国革命的特点等问题。它是新民主主义革命时期最完备的一部党章，为全党团结一致夺取新民主主义革命的胜利奠定了坚实基础，也为中国共产党在民主革命进程中制定党内法规制度提供了根本遵循。

社会主义革命和建设时期，中国共产党对党章作了进一步完善和发展。1956年9月，党的八大通过的党章作为中国共产党执政以后的第一部党章，提出了全面开展社会主义建设的任务，为社会主义建设时期党的建设指明了正确方向，是我们开启建设社会主义事业的纲领性文件。1969年的九大党章和1973年的十大党章是在"文化大革命"背景下产生的，给党带来了严重危害，正如后来邓小平指出的："九大、十大搞的党章，实际上不大像党章，党员有些什么权利和义务，究竟怎么样才算个共产党员，不合条件怎么办，都没有规定好，需要修改。"[①] 1977年十一大党章从内容上恢复了七大、八大党章的一些内容，但仍坚持"文化大革命"的理论和方针，反映了党的工作在这段时期处于徘徊中前进的状况。

改革开放和社会主义现代化建设新时期，中国共产党根据形势发展的需要继续修订党章。1982年，十二大通过的党章是改革开放后的第一部党章。它系统总结了历史上党的建设的经验，在总纲中比较完整地概括了党的性质、长远目标、当前目标，以及党对党员和党组织的基本要求。此后的党章也都是根据党面临的形势和任务作了部分条文的修改和完善：十五大把邓小平理论确立为党的指导思想并载入党章；十六大把"三个代表"重要思想确立为党的指导思想并载入党章；

---

① 邓小平文选（第二卷）[M].北京：人民出版社，1994：269.

十七大把科学发展观载入党章，十八大把科学发展观确立为党的指导思想。

党的十八大以来，中国特色社会主义进入新时代，中国共产党先后两次修改党章。党的十九大将习近平新时代中国特色社会主义思想确立为党的指导思想并载入党章，为新时代党的建设提供了根本遵循，为新时代中国特色社会主义事业蓬勃发展指明了方向。二十大根据党的理论创新和实践发展，对党章进行修改，充分体现了马克思主义中国化时代化的最新成果，充分体现党的十九大以来党中央提出的治国理政新理念、新思想、新战略，充分体现党的工作和党的建设取得的新成果。

习近平总书记指出："我们党总是认真总结革命建设改革的成功经验，及时把党的实践创新、理论创新、制度创新的重要成果体现到党章中，从而使党章在推进党的事业、加强党的建设中发挥了重要指导作用。"[①] 制定修改党章是党的制度建设的重要内容，事关党的建设全局。党章明确了党的制度建设的指导思想和基本框架，是管党治党的总章程。离开了党章，党的制度建设就失去了科学性。因此，健全党内法规制度体系必须要以党章为总依据，这是对党章的维护，也是保证党内制度科学性、权威性的前提。

以民主集中制为核心进行党的制度建设

民主集中制是党的根本组织制度和领导制度，是群众路线在党的生活中的运用，也是马克思主义政党区别于其他政党的一个重要标志。

---

① 习近平关于依规治党论述摘编[M]. 北京：中央文献出版社，2022：52.

民主集中制也是党的光荣传统。中国共产党进行自身建设的发展史证明，民主集中制是科学、合理、有效的制度。中国共产党正是靠不断坚持和发展民主集中制来激发全党的创造活力，统一全党的思想行动，与各种错误思想进行斗争，从而保证科学决策和强大的组织能力。回望中国共产党一百多年的奋斗历程，中国共产党能够取得辉煌成就，与始终坚持以民主集中制为核心进行的党的制度建设是分不开的。

新民主主义革命时期，民主集中制初步发展。受俄共（布）影响，中国共产党在新民主主义革命时期主要从党内原则的角度对民主集中制进行思考、设计和运用。党的五大之前，中国共产党虽然没有明确提出"民主集中制"的概念，但已经提出"少数服从多数""恪守党的纪律"等规定，体现民主集中制的原则要求。1927年党的五大上，中国共产党正式提出"民主集中制"的概念，并强调党内重要事项要经过民主议事讨论后再贯彻执行的规定。第二年，党的六大做出决定，要求全体党组织和党员都要严格按照民主集中制开展工作，并将"选举产生各级党组织"等具体规定纳入民主集中制原则体系之中，不断丰富民主集中制的内容。后来部分党组织和党员混淆了"集中"与"专断"的区别，在党内搞"家长制"，打压不同声音，致使民主集中制遭到破坏，进一步影响到军事斗争。1935年，遵义会议从组织和军事上纠正了党内"左"倾错误，民主集中制得到重新确认，在党的建设和军事斗争中都发挥了重要作用。1945年，党的七大党章完善了民主集中制，提出坚持民主集中制的"四个服从"的原则要求，并正式概括了民主和集中的关系，即"在民主基础上的集中，在集中指导下的民主"，正如毛泽东在《论联合政府》中提到新民主主义的政权组织应该采取民主集中制时强调的："它是民主的，又是集中的，就是说，在民主基础上的集中，在集中指导下的民主。只有这个制度，才既能表现

第四章 制度治党的历史进程和历史经验

广泛的民主,使各级人民代表大会有高度的权力;又能集中处理国事,使各级政府能集中地处理被各级人民代表大会所委托的一切事务,并保障人民的一切必要的民主活动。"①

社会主义革命和建设时期,民主集中制曲折发展。新中国成立后,中国共产党从社会主义制度的高度对民主集中制进行了有益探索和尝试。1949年通过的《中国人民政治协商会议共同纲领》规定,中央政府和地方各级政府都要按照民主集中制原则具体开展工作。1954年,第一届全国人民代表大会第一次全体会议通过《中华人民共和国宪法》,要求全国和地方人民代表大会一律采用民主集中制原则组织运行。1957年2月,毛泽东在《关于正确处理人民内部矛盾的问题》这篇讲话中强调:"在人民内部,不可以没有自由,也不可以没有纪律;不可以没有民主,也不可以没有集中。这种民主和集中的统一,自由和纪律的统一,就是我们的民主集中制。在这个制度下,人民享受着广泛的民主和自由;同时又必须用社会主义的纪律约束自己。"②这对于在当时抵制国际反共浪潮、克服党内官僚主义、团结全党起了重要作用。但囿于配套保障机制的不健全,民主集中制建设在1957年以后遭遇了挫折。中国共产党尝试通过各种措施使民主集中制建设重新回到正确轨道上。1962年,在中央扩大的工作会议上,毛泽东指出:"我在一九五七年这样说过,要造成'又有集中又有民主,又有纪律又有自由,又有统一意志、又有个人心情舒畅、生动活泼,那样一种政治局面'。没有这样的政治局面,群众的积极性是不可能发动起来的。"③同样在这个会议上,刘少奇就民主和集中的关系指出:"无产阶级的民

---

① 毛泽东选集(第三卷)[M]. 北京:人民出版社,1991:1057.
② 建国以来重要文献选编(第十册)[M]. 北京:中央文献出版社,1994:66.
③ 毛泽东年谱(1949—1976)(第五卷)[M]. 北京:中央文献出版社,2013:77.

主集中制,是最彻底的民主集中制,是在人民内部实行的根本制度,是在高度民主基础上的高度集中和在高度集中指导下的高度民主。在这里,民主和集中是互为前提、互相依赖、互相渗透的,是不可缺一的。"① 这些论述反映了中国共产党对民主集中制的重视,并希望通过实施民主集中制来改变当前困难局面。

改革开放和社会主义现代化建设新时期,民主集中制发展成熟。1978年,党的十一届三中全会后,在总结"文化大革命"教训的基础上,中国共产党着力推进民主集中制的制度机制改革,确立了重大问题在遵循平等原则的基础上经会议充分讨论后立即严格执行的规范程序,树立了以党内民主作为引擎推动人民民主的战略目标。邓小平更加强调要坚持民主集中制。江泽民曾指出:"邓小平同志总结东欧剧变、苏联解体的教训,曾经告诫我们,民主集中制的问题很重要,要结合新的实际,把民主集中制原则好好论一论。"② 邓小平指出:"我们实行的是民主集中制,这就是民主基础上的集中和集中指导下的民主相结合"③。1982年9月,党的十二大建立了集体领导和个人分工负责相结合的制度,民主集中制得到进一步发展。党的十四大后,中国共产党在社会主义市场经济背景下继续建设和发展民主集中制。江泽民多次强调要坚持以民主集中制推进改革开放进程。党的十六大后,胡锦涛着重从思想认识的角度强调要加强民主集中制建设,他指出:"坚持和健全民主集中制必须解决好思想认识问题,解决好用理论武装干部头脑问题,把进行民主集中制教育,同进行马克思主义认识论和党的群众路线的学习和教育结合起来。"④

---

① 建国以来重要文献选编(第十五册)[M]. 北京:中央文献出版社,1997:27.
② 江泽民文选(第三卷)[M]. 北京:人民出版社,2006:226.
③ 邓小平文选(第二卷)[M]. 北京:人民出版社,1994:175.
④ 胡锦涛文选(第一卷)[M]. 北京:人民出版社,2016:120.

第四章　制度治党的历史进程和历史经验

中国特色社会主义进入新时代，随着不断推进民主集中制纪律要求和规矩要求的进一步明晰和厘清，中国共产党不断推动民主集中制具体流程的进一步健全和规范，不断促进民主集中制的运行机制的进一步完善，新时代民主集中制建设沿着制度化的轨道不断向前发展。习近平总书记指出："强化党内监督，必须坚持、完善、落实民主集中制，把民主基础上的集中和集中指导下的民主有机结合起来，把上级对下级、同级之间以及下级对上级的监督充分调动起来，确保党内监督落到实处、见到实效。"① 民主集中制建设的关键在于党组织和全体党员的贯彻落实，特别是党员领导干部。习近平总书记指出："对每个领导干部，都要加强民主集中制的教育培训，使他们熟悉民主集中制的规矩，懂得民主集中制的方法。"② 习近平总书记在党的十九大报告中强调："完善和落实民主集中制的各项制度，坚持民主基础上的集中和集中指导下的民主相结合，既充分发扬民主，又善于集中统一。"③ 党的十九届四中全会从制度建设的角度指出，要致力健全和完善民主集中制的具体制度体系，着力加强和改进民主集中制的配套机制保障体系。党的二十大报告提出，要以民主集中制为核心完善党内法规制度体系。

事实证明，在中国共产党发展的各个时期，如果民主集中制能够被很好地贯彻和执行，党的各项活动就能正常进行；如果民主集中制遭到破坏，党的组织生活就会陷入混乱甚至瘫痪。党的制度体系是一个严密的系统，民主集中制处于核心地位，是制度建设的核心内容，其他各项制度都是民主集中制的具体化。党的制度建设必须以民主集

---

① 习近平关于全面从严治党论述摘编 [M]. 北京：中央文献出版社，2016：207.
② 习近平关于严明党的纪律和规矩论述摘编 [M]. 北京：中央文献出版社、中国方正出版社，2016：97.
③ 习近平谈治国理政（第三卷）[M]. 北京：外文出版社，2020：49.

中制为核心，严格遵守并维护民主集中制，只有这样才能正确处理党内各种关系，既维护党的团结统一，又能发挥党员的积极性和创造力。

坚持党员在党内法规制度面前人人平等

平等是制度的重要价值范畴。中国共产党制度治党必须要体现平等原则。制度治党包括制度制定、执行、监督等各环节，而体现平等主要是在制度执行环节。只有严格落实制度执行平等的原则，才能维护制度的尊严和权威，提升制度治党的深度、广度和力度。马克思和恩格斯在起草《共产主义者同盟章程》时就把"所有盟员都一律平等"[①]写入规定中。列宁也曾强调："党内的一切事务是由全体党员直接或者通过代表，在一律平等和毫无例外的条件下来处理的。"[②] 马克思主义经典作家的论述为中国共产党坚持党员在党内法规制度面前人人平等提供了理论指导和经验借鉴。

新民主主义革命时期，中国共产党不断从幼稚走向成熟集中体现在反对特权思想上。在党内法规制度面前人人平等的对立面是某些党员干部搞特权。毛泽东在防止党变质、民受难的艰辛探索中，十分重视反对特权腐化问题，指出"群众是从实践中来选择他们的领导工具、他们的领导者。被选的人，如果自以为了不得，不是自觉地作工具，而以为'我是何等人物'！那就错了。我们党要使人民胜利，就要当工具，自觉地当工具"[③]。毛泽东还主张用制定党内法规的方式预防和惩治特权。他在扩大的党的六届六中全会的报告中指出，"为使党内关

[①] 马克思恩格斯全集（第四十二卷）[M]. 北京：人民出版社，1979：419.
[②] 列宁全集（第十四卷）[M]. 北京：人民出版社，2017：249.
[③] 建党以来重要文献选编（1921—1949）（第二十二册）[M]. 北京：中央文献出版社，2011：475.

系走上正轨，除了上述四项最重要的纪律外，还须制定一种较详细的党内法规，以统一各级领导机关的行动"①。这里指的"党内关系走上正轨"包含着规定党员在党内法规制度面前人人平等原则。1945年，刘少奇在党的七大上作《关于修改党的章程的报告》，批评了党内部分干部存在特权思想，"他们认为党的法规和决议，是为那些普通人写的，而不是为他们这些特殊的领导人写的。这是党内一种反民主的个人专制主义倾向，是社会上特权阶级的思想在党内的反映"②。刘少奇认为这种倾向应该完全肃清。

社会主义革命和建设时期，中国共产党成为执政党，如何巩固党群关系和党内的团结成为党的重要任务。新中国成立后，毛泽东谨记并借鉴中国历史上历代政权兴亡的教训，特别指出："我们一定要警惕，不要滋长官僚主义作风，不要形成一个脱离人民的贵族阶层。谁犯了官僚主义，不去解决群众的问题，骂群众，压群众，总是不改，群众就有理由把他革掉。"③毛泽东直接指出了脱离群众后的后果关系到党的生死存亡，必须引以为戒。毛泽东特别主张干部参加劳动，与群众同甘共苦，并以身作则。他说："我们要保持过去革命战争时期的那么一股劲，那么一股革命热情，那么一种拼命精神，把革命工作做到底。"④1956年，党的八大颁布了新中国成立以来的第一部党章，把党员的权利从之前的4项增加到7项，要求各级党组织的负责人尊重党员的各项权利。"文化大革命"时期党的九大党章中取消了"党员的权利"，还删除了党的八大党章中"党的监察机关"一章，这严重破坏了党内民主制度，使得党的监察工作无法可依、无章可循。党的十一大

---

① 毛泽东选集（第二卷）[M]. 北京：人民出版社，1991：528.
② 建党以来重要文献选编（1921—1949）（第二十二册）[M]. 北京：人民出版社，2011：423.
③ 毛泽东年谱（一九四九—一九七六）（第三卷）[M]. 北京：中央文献出版社，2013：34.
④ 毛泽东文集（第七卷）[M]. 北京：人民出版社，1999：285.

党章对十大党章进行了不少修改,在"党员"一章中重新规范入党程序,恢复了党员预备期制度,并对党员的纪律处分进行详细规范,防止党员受到非公正处分。

改革开放和社会主义现代化建设新时期,坚持党员在党内法规制度面前人人平等主要是坚持党员在党的纪律面前人人平等。党的十二大通过的党章明确规定,实行党员在党的纪律面前人人平等的原则,绝不允许任何领导人实行个人专断和把个人凌驾于组织之上。邓小平指出:"公民在法律和制度面前人人平等,党员在党章和党纪面前人人平等。"① 针对违反党纪国法的党员,邓小平指出:"不管牵涉到谁,都要按照党纪、国法查处。要真正抓紧实干,不能手软。"② 江泽民也指出:"党员在党的纪律面前人人平等,任何人违反党的纪律,都必须给以应有的处理。"③ 胡锦涛在新时期保持共产党员先进性专题报告会上针对党员领导干部,强调:"党员领导干部要摆正自己在党内政治生活中的位置,以身作则,严于律己,坚持在党纪面前人人平等,带头维护党纪的严肃性,自觉接受党组织和群众监督。"④ 每一个党员在党内不论是否有职务,不论职位高低,地位都是平等的,党员在党内平等地位决定和要求党员在党的纪律面前人人平等的原则。

中国特色社会主义进入新时代,中国共产党着重强调在制定和执行党内法规制度时每个党员人人平等。在制定党内法规制度时,中国共产党始终注意让每个党员都根据党章的规定平等地行使权利和履行义务,任何人都没有特权,党内法规制度对每个党员都具有普遍的约束力。在执行党内法规制度时,中国共产党始终做到党内法规制度面前人人平

---

① 邓小平文选(第二卷)[M]. 北京:人民出版社,1994:332.
② 邓小平文选(第三卷)[M]. 北京:人民出版社,1993:152.
③ 江泽民文选(第一卷)[M]. 北京:人民出版社,2006:250-251.
④ 十六大以来重要文献选编(中)[M]. 北京:中央文献出版社,2006:626.

第四章 制度治党的历史进程和历史经验

等。习近平总书记指出："要坚持制度面前人人平等、执行制度没有例外，不留'暗门'、不开'天窗'，坚决维护制度的严肃性和权威性，坚决纠正有令不行、有禁不止的行为，使制度成为硬约束而不是橡皮筋。"① 如果党的纪律只对一部分党员有约束力，而对另一部分党员没有约束力，就背离了党的性质、党的纲领和党的章程，破坏了党内同志之间人人平等这一政治原则。"坚持有规必依、执规必严、违规必究，加大党内法规执行力度，使刚性约束得到严格遵循，切实做到法规制度面前人人平等、遵守法规制度没有特权、执行法规制度没有例外，坚决防止出现'破窗效应'，切实增强法规制度的严肃性和权威性。"② "对违规违纪、破坏法规制度踩'红线'、越'底线'、闯'雷区'的，要坚决严肃查处，不以权势大而破规，不以问题小而姑息，不以违者众而放任，不留'暗门'、不开'天窗'，坚决防止'破窗效应'。"③ 推进制度执行须按照程序设计的标准、规范的方式来进行，以确保制度执行取得真正实效。

---

① 十八大以来重要文献选编（中）[M]. 北京：中央文献出版社，2016：95.
② 十八大以来重要文献选编（上）[M]. 北京：中央文献出版社，2014：491.
③ 习近平关于严明党的纪律和规矩论述摘编 [M]. 北京：中央文献出版社、中国方正出版社，2016：90.

第五章

制度治党的实践路径

第五章 制度治党的实践路径

制度问题带有根本性、全局性、稳定性、长期性，制度治党、依规治党是全面从严治党的治本之策。党的十八大以来，以习近平同志为核心的党中央大力加强党内法规制度建设，取得显著成效。习近平总书记在党的二十大报告中指出："我们深入推进全面从严治党，坚持打铁必须自身硬，从制定和落实中央八项规定开局破题，提出和落实新时代党的建设总要求，以党的政治建设统领党的建设各项工作，坚持思想建党和制度治党同向发力，严肃党内政治生活，持续开展党内集中教育，提出和坚持新时代党的组织路线，突出政治标准选贤任能，加强政治巡视，形成比较完善的党内法规体系，推动全党坚定理想信念、严密组织体系、严明纪律规矩。"[①] 总结党一百多年来尤其是十八大以来制度治党、依规治党的宝贵经验，根据新的形势、任务和要求，坚持以问题为导向，着眼于提高制度治党、依规治党能力，推动全面从严治党向制度化方向纵深发展，是新形势下党的建设的重要举措。制度治党的贯彻实施必须体现在党建工作的全过程，路径尤为关键。

---

① 习近平.高举中国特色社会主义伟大旗帜　为全面建设社会主义现代化国家而团结奋斗——在中国共产党第二十次全国代表大会上的报告[M].北京：人民出版社，2022：13.

提高制度制定能力　夯实"治党基础"

党内法规制度体系的完备程度，是政党发展是否成熟和执政水平高低的一个重要标准。构建完备的党内法规制度体系，既是国家和社会全面发展的要求，也是管党治党的重要依据和建设社会主义法治国家的制度保障。中国共产党必须提高制度制定能力，完善党内法规制度，构建内容科学、程序严密、配套完备、运行有效的党内法规制度体系，夯实"治党基础"。

增强党内法规制度的科学性

党内法规制度的科学性，主要表现为两个方面：一是以科学的理论为指导，二是加强党内法规制度顶层设计。增强党内法规制度的科学性，就要坚持以科学理论为指导、注重顶层设计和整体规划。

增强党内法规制度的科学性，要以科学理论为指导。制度治党的科学性体现在重视科学理论的指导，重视制度的政治属性。作为无产阶级政党，只有以马克思主义理论为指导，才能凸显制度治党的优越性和特殊性。所以，党内法规制度建设首先应该坚持人民群众创造历史的唯物史观，以人民为基本立场，以人民的利益为制度建设的出发点和落脚点。习近平新时代中国特色社会主义思想是马克思主义中国化时代化的最新成果，是对中国共产党执政规律的深刻总结，为新时代党的自身建设提供了思想指引和行动指南。新时代新形势，党内法规制度制定工作必须以习近平新时代中国特色社会主义思想为指导，广大党员干部要深刻领会这一思想的核心要义、精神实质、丰富内涵、实践要求，确保制度治党、依规治党沿着正确的方向前进。党内法规制度建设还应该以物质生产关系为依据，坚持辩证唯物主义基本观点，尊重历史发展规律、政党执政规律和制度建设规律。

增强党内法规制度的科学性，要加强顶层设计和整体规划。党内法规制度建设作为一个事关全局的系统性工程，必须进行顶层设计。顶层设计强调从全局视角进行整体规划，注重各个子系统的协调互动，体现了系统观念的世界观和方法论。加强党内法规制度的顶层设计，要构建系统完备、相互衔接的党内法规制度体系。从层次上来看，党内法规制度包括根本制度、基本制度和具体制度这三个层次。例如，党内法规的名称为党章、准则、条例、规定、办法、规则、细则。党章对党的性质和宗旨、路线和纲领、指导思想和奋斗目标、组织原则和组织机构、党员义务权利以及党的纪律等作出根本规定。准则对全党政治生活、组织生活和全体党员行为等作出基本规定。条例对党的某一领域重要关系或者某一方面重要工作作出全面规定。规定、办法、规则、细则对党的某一方面重要工作的要求和程序等作出具体规定。从内容上来看，党内法规制度覆盖党的领导和工作制度、党的思想建设方面的制度、党的组织制度、党的作风建设制度、党的反腐倡廉制度等各个领域。从功能来看，党内法规制度可以分为实体性制度和保障性制度。

要增强党内法规制度的系统性和协调性。一是需要增强根本制度、基本制度和具体制度这三个层次之间的衔接性，以及各个具体制度之间的协调性。要坚持以党章为根本，以民主集中制为核心，完善党内法规制度体系。制定过程中，要注重促进不同层次制度之间的衔接、配套。二是要将党内法规制度建设贯穿于党的建设的全过程和各方面，从全局角度对党的政治建设、思想建设、组织建设、作风建设、纪律建设、制度建设和反腐败斗争等各领域进行统一安排和部署，从整体上提升党的制度化水平。三是要促进实体性制度和程序性制度的衔接配套，主要是促进程序性制度的完善与发展，不但要对相关程序和细则进行完善，还要量化、细化标准，使党内法规制度更具可操作性。

增强党内法规制度的针对性

党内法规制度务实管用，就要增强针对性和可操作性。这要求党内法规制度在制定环节强化问题意识，坚持问题导向，一切从实际出发，着重解决实际问题，满足现实需求，做到与时俱进。

坚持问题导向，一切从实际出发

增强党内法规制度的针对性，须从问题出发，要善于发现问题，着重做好问题调研和实施评估工作，以便于能够掌握实情、找准问题、对症下药。要敢于正视问题，保持清醒的头脑科学分析问题，保持自我革命的勇气，敢于刀刃向内，保持斗争精神积极面对问题，全面做好问题的分析研判工作。要能够解决问题，既要聚焦全面从严治党的突出问题，在建章立制过程中做到重点突出，又要兼顾当前与长远、重点与全局；既要聚焦薄弱环节，正视差距，补齐制度短板，又要剖析深层次的原因，对准根源性问题。

增强党内法规制度针对性，就是要坚持实事求是，一切从实际出发。马克思主义理论并不是一成不变的条文，坚持马克思主义理论指导地位，并不是要在党内法规制度条文中写哲学讲义，而是用马克思主义的观点、立场和方法去观察社会、分析问题。恩格斯就曾说过："我们的理论是发展着的理论，而不是必须背得烂熟并机械地加以重复的教条。"① 党内法规制度建设须坚持实事求是，一切从实际出发。在制度制定环节，应从中国发展实际出发，从党内现实情况出发，从各个党组织具体实际出发，切忌简单移植、生搬硬套。应该深入基层党员和人民群众，做好调查研究，瞄准人民群众反映强烈的关键问题，充分听取广大党员的意见。

坚持破立并举，推进党内法规制度与时俱进

党内法规制度不是一成不变的，中国共产党全面从严治党的实践不断发展，党内法规制度也必须做到与时俱进。

一方面，要推进党内法规制度清理工作，及时对党内法规制度进行清理是保障党内法规制度与时俱进的重要方式。推进党内法规制度的清理工作，还需要进一步明确清理主体的责任和权限，细化清理标准和程序，进一步建立党内法规制度清理的长效机制，从而提高党内法规制度的质量。

另一方面，要推动党内法规制度创新发展。党内法规制度也需要根据社会经济的发展和党内形势的变化进行更新、创新。目前，党内一些法规制度已经落后于时代的发展，不能满足党的建设需要，中国共产党在发展中遇到的新问题又缺少新制度，就造成了制度缺位。推进党内法规制度创新发展，要以党的创新理论为指导，将党的创新理论转化为全党遵循的制度规范；要紧紧围绕政治大局，遵循党的建设规律和现实要求，提高党内法规制度建设质量。

---

① 马克思恩格斯选集（第四卷）[M]. 北京：人民出版社，2012：588.

促进党规与国法相互衔接

党内法规制度的制定,要处理好党规与国法的关系,注重党规与国法的衔接和协调,形成相辅相成、相互促进、相互保障的格局。

促进党内法规与国家法律相互衔接,必须明确党规与国法的关系和界限

依法治国与依规治党是有机统一的,两者在治理理念、治理方式、治理实践上都具有一致性。"我们党既制定党内法规制度,来规范党内关系和生活,也领导广大人民群众制定国家的法律制度,来规范国家内部的关系和生活。不管是党内法规制度还是国家法律制度都是党的主张和人民意志的体现,也是二者的有机统一,在功能上具有互补性。"[①]

党规与国法又存在着明显的区别。国家法律体现国家意志,对象是中华人民共和国全体公民,作用是调节社会关系,维护社会秩序,为公民、法人和其他组织提供活动依据。因此,国家法律更具权威性,覆盖范围更广泛。党内法规体现党的主张,对象是中国共产党党员,作用是协调党内关系,规范党内行为,保障党员权利,明确党员义务,为党组织和党员提供行为遵循。非党员的民众只需要在国家法律规定的范围内活动,而党员既是中华人民共和国公民,又是中国共产党党组织成员,所以需要遵守党内法规制度和国家法律。

---

① 宫玉涛.全面从严治党重在制度治党——学习习近平关于党的制度建设的思想[J].中国特色社会主义研究,2017(3).

第五章 制度治党的实践路径

促进党内法规与国家法律相互衔接，必须坚持纪在法前、纪严于法

党纪严于国法是对所有党员的原则性要求，中国共产党必须将党的纪律和规矩挺在前面，充分发挥党规党纪"防线前移"的作用。也就是说，要使党员首先受到党纪的严格约束，抓早抓小、防微杜渐。很多党员的违法行为都是起源于一些违反党规党纪的小错。因此，必须坚持纪严于法，落实好监督执纪"四种形态"，及时发现党员干部的苗头性、倾向性问题，及时遏制这些小问题，预防小错变大错，违规违纪变违法。党员干部必须要以更高的要求规范自己，不但要在宪法允许的范围内活动，更要以党规党纪严格要求自身，与违法乱纪行为进行斗争。

除此之外，促进党内法规与国家法律相互衔接，还需坚持依法治国与依规治党统筹推进。所谓"衔接协调"，就是相互之间既不能脱节断档、交叉重复，更不能错位越位、相互冲突，而应当在规划、起草、制定、实施等环节实现互联互通、密切协同。新形势下统筹推进依法治国与制度治党、依规治党，须加快构建党规与国法的边界冲突处理制度，通过构建事前报备沟通机制、过程协调机制和事后反馈补偿机制来全方位解决党规与国法的冲突，促进党规与国法的良性互动。要进一步建立健全党规与国法的备案审查衔接长效联动机制，不断强化备案审查制度的刚性约束和实际功效，进一步优化衔接联动方式，拓展衔接联动范围，实现从起草阶段到清理阶段的全流程衔接联动。

提高制度执行能力 提升"治党效能"

制度制定是基础，制度执行是关键。要真正让铁规发力、禁令生威，就必须提高制度执行力。习近平总书记指出："要增强制度执行力，制度执行到人到事,做到用制度管权管事管人。"① 当前,现行有效的党内法规制度有近 4000 部,近十年新制定修订的占 70% 以上,党的建设制度改革中的"四梁八柱"基本搭建完成。在建党 100 周年时,我们党宣告形式比较完善的党内法规体系。习近平总书记也指出,"我说一分部署还要九分落实。制定制度很重要,更重要的是抓落实,九分气力要花在这上面"②。因此,如何提高各级党组织和各级党员干部贯彻落实党内法规制度的能力,是提高党的建设质量必须要认真解决好的一个重要问题。为了提高党内法规制度执行力,推动党内法规制度全面深入实施,应该从完善制度执行保障制度体系、提升基层党组织制度执行力、健全党内法规实施评估制度这三个方面着手。

完善制度执行保障制度体系

制度执行保障制度体系即为保障党内法规制度能够得到顺利执行的一系列制度安排。影响党内法规制度执行的因素众多,其中制度执行主体和制度执行行为是两个关键因素,直接决定着制度执行的成效。所以,完善制度执行保障制度体系就是要明确制度执行主体责任,完善制度执行责任制,规范制度执行行为,完善追责问责机制。

制度执行责任制是促进党内法规制度实施、增强党内法规制度权威性的关键制度安排

制度治党的重点在于规范和约束权力。加强党内法规制度执行力

---

① 十八大以来重要文献选编(中)[M]. 北京:中央文献出版社,2016:95.
② 习近平关于党风廉政建设和反腐败斗争论述摘编[M]. 北京:中央文献出版社、中国方正出版社,2015:129.

的重点在于通过发挥党内法规制度的强制力，使权力最大限度地按照设定的规则和制度运行，最理想的结果是既能保障权力为民所用，又能实现效益最大化。这首先就需要保证制度执行主体能够明确自身责任，严格执行党规党纪。落实执行责任制，能够约束执行主体、规范执行主体行为，切实提高党内法规制度执行力。

《中国共产党党内法规执行责任制规定（试行）》明确了地方各级党委、党委办公厅（室）、党委职能部门、非党组织党组（党委）、党的纪律检查机关、党的基层组织、党员领导干部等各个执规主体的责任。各级党组织需要以《中国共产党党内法规执行责任制规定（试行）》为依据，全面落实法规执行责任制，进一步划清法规执行责任类型，明确各个制度执行主体的权力和责任界限，细化、量化刚性规定，完善分层分级的法规执行责任体系，以防止互相推诿、交叉重叠等现象反复出现，推动各执行主体切实担负起执行党内法规制度的政治责任。

责任追究制度和问责制度是利用强制规范力保证党内法规制度得到刚性执行，防止法规制度沦为"稻草人""纸老虎"的关键制度安排

对制度执行主体责任进行明确之后，就需要对制度执行行为进行规范。只有对制度执行不认真、不彻底的失职失责行为进行严厉追究和问责，真正做到违规必究，才能真正使党内法规成为管党治党的"利剑"。

一是要健全责任追究制度。对于确有失职失责行为的党员要一追到底、违规必究，防止"破窗效应"，避免形式主义。追究责任时也必须严格遵循法定程序，尊重党员的权利，保障处理结果的公平公正。同时，要坚持"惩前毖后，治病救人"的原则，做到宽严相济，惩罚不是目的，督促其改正才是真正的目的，要对违规者及时进行教育劝导。

二是要健全党内问责制度。《中国共产党问责条例》自2016年7月印发以来，为党的问责工作提供了制度遵循，推动失责必问、问责必严成为常态，发挥了全面从严治党的利器作用。2019年9月，中共中央根据新的形势、任务和要求，聚焦管党治党政治责任，坚持严字当头，针对实践中出现的问责不力、泛化简单化等问题对《中国共产党问责条例》进行了修订。我们应当以《中国共产党问责条例》为依据，把握好原则指导和具体事项之间的关系，在具体实施程序上进行完善，在问责对象上进一步聚焦到领导干部，明晰问责过程中的权责分配，以增强问责制度的可操作性，避免问责的泛化。全党应增强对问责工作的重视程度，维护问责工作的权威性，完善容错纠错机制，增强党员干部问责主动性。优化问责流程，促进问责工作规范化运行，加强对问责结果的运用。

提升基层党组织制度执行力

基层党组织是执行党内法规制度的主要场域，其自身建设质量、对党内法规制度的执行情况直接关乎中国共产党整体执行力的强弱，直接影响着党的形象。习近平总书记指出："基础不牢，地动山摇。只有把基层党组织建设强、把基层政权巩固好，中国特色社会主义的根基才能稳固。"① 必须加强基层党组织制度执行力，使制度治党真正落地生根。基层党组织建设不平衡，有的基层党组织建设滞后，对党内法规制度的执行存在很多问题，这些都会导致制度治党根基不稳。必

---

① 习近平谈治国理政（第四卷）[M]. 北京：外文出版社，2022：60.

须以提升基层党组织的制度执行力为重点来推进制度治党。

以提升组织力为重点，充分发挥支部作用

"加强基层党组织建设，要以提升组织力为重点，突出政治功能。"① 基层党组织只有具有坚强的组织力，才能团结带领党员、组织动员群众深入贯彻落实党的路线方针政策。要强化基层党组织的政治建设，严肃党内政治生活，严格落实"三会一课"、民主生活会、民主评议党员等制度。要健全并创新基层党建体制机制，以解决基层党组织弱化、虚化、边缘化等软弱涣散问题为契机，推进党支部建设标准化、规范化。要加大对党员的教育管理力度，深入推进学习贯彻习近平新时代中国特色社会主义思想主题教育，建立一套规范的、科学的、有效的教育管理制度。要在党的基层组织和党员中深入开展创建先进基层党组织、争当优秀共产党员活动，健全党员立足岗位创先争优长效机制，把党员的先进性具体落实到工作中。

以加强人才队伍建设为抓手，提高制度执行力

基层党组织的党员干部与人民群众联系最为密切，代表着党的形象。同时，基层党组织的党员干部也是制度执行的主体，是制度落地生根的"最后一公里"，直接关系到制度治党的实践效果。所以，必须以加强人才队伍建设为抓手，把好选人用人关。

一方面，严守党的组织边界，做好党员发展工作。创新宣传媒介和形式，在基层广泛宣传入党相关政策和优秀党员事迹，营造基层优质青年踊跃入党的良好社会氛围。其一，依照党内法规制度来规范党

---

① 习近平. 在全国组织工作会议上的讲话[M]. 北京：人民出版社，2018：13.

员发展工作，坚持公开透明发展党员，让优质人才都有均等机会入党。其二，理解好"总量控制"要求，将每年发展党员的人数控制在合理区间内。其三，坚持把政治标准放在第一位，统筹"德才兼备、以德为先"原则，加强对发展对象的政治态度、政治信仰和政治行为的审查。其四，加强对入党积极分子的培养，真正做到思想上入党，做到成熟一个发展一个，确保党组织的纯洁性和先进性。

另一方面，妥善开展处置不合格党员工作。健全党员日常管理考核机制，对长期处于不合格的党员要及时进行组织处置，优化党员队伍结构，确保每位党员都能发挥先锋模范作用。

加强与人民群众的沟通，发挥桥梁纽带作用

基层党组织是党在社会基层组织中的战斗堡垒，担负着直接教育、管理、监督党员和组织、宣传、凝聚、服务群众的重任，和群众联系最直接、最经常、最密切。因此，基层党组织有着能够充分与人民群众沟通交流的独特优势，可以通过加强与人民群众的沟通交流获取关于制度执行效果的反馈信息。所以，要充分发挥基层党组织的优势，与人民群众、社会组织建立长效的沟通交流机制。

基层党组织要和人民群众打成一片，了解人民群众的需求和问题，通过自下而上的沟通渠道将这些信息反馈到地方和中央党组织，为党内立法提供翔实的依据。要注重听取人民群众的意见和建议，拓展信息收集渠道，及时获取制度实施的反馈信息，并做出相应的调整。习近平总书记指出："要把服务群众、造福群众作为基层治理的出发点和落脚点，通过不断增强人民群众的获得感、幸福感、安全感，赢得

群众对党的信任和拥护。"① 只有加强与人民群众的沟通，才能真正赢得群众的支持和拥护。

健全党内法规制度实施评估制度

党内法规制度实施评估制度就是要求党内法规制度制定机关、起草部门和单位根据职权对党内法规制度执行情况、实施效果开展评估。许多党内法规制度设计在实施过程中可能与现实脱节，不能产生预期的实践效果。因而，开展党内法规制度实施评估工作，对党内法规制度实施后的实际效果进行科学全面的评估，并据此采取相应的措施，就成为制度治党的必要环节。健全党内法规实施评估制度，积极并正确开展党内法规制度实施后评估工作，以得到科学客观的评估信息，真正了解党内法规制定及实施工作中存在问题，有助于提高党内法规制度制定质量及实施效果。《中国共产党党内法规执行责任制规定（试行）》明确规定，党内法规制定机关可以对党内法规执行情况、实施效果开展评估，督促党组织和党员领导干部履行法规执行责任，根据评估反馈情况及时修改完善相关党内法规，推动党内法规的实施。

健全党内法规实施评估制度，要坚持正确评估原则

只有明确评估原则才能增强评估的客观性、民主性和科学性，保证党内法规实施评估制度以正确的方向前进。总体来说，党内法规实施评估工作的开展要坚持合法性、客观性、导向性三大原则。

一要坚持合法性原则。党内法规制度必须遵循党章和上位法规，

---

① 十九大以来重要文献选编（上）[M]. 北京：中央文献出版社，2019：562.

与宪法和法律相协调。

二要坚持客观性原则。必须要实事求是地进行评估，能够客观反映党内法规制度建设情况、实施成果、不足之处，以及制度执行主体对党内法规制度的执行情况和主观认知。

三要坚持导向性原则。党内法规制度实施的评估工作必须要服务于党内法规制度建设和制度治党的整体目标，服务于全面从严治党这一中心工作。通过坚持问题导向、以评促改推进整体目标和中心工作的实现。

健全党内法规实施评估制度，要创新评估方法

只有采用适当的评估方法，才能提高党内法规实施评估工作的成效，充分发挥其实效。

一要采取科学方法。将定性分析法和定量分析法充分结合。专题调研、问卷调查、实地调研、座谈会等定性分析方法有必要继续使用，但更重要的是要改变传统的调查研究方式，充分借助统计学、数学等学科知识，注重采取定量分析的方法来开展党内法规实施评估工作。

二要充分运用大数据。当前，社会正处于以数据为驱动的时代，大数据改变了各学科的认识论和研究范式。应充分利用大数据进行信息采集和数据分析，拓宽信息收集渠道，提升数据处理速度，建立起覆盖全社会的信息网络系统，建立完善党内法规制度数据库，最大限度地避免数据的遗漏、失真，以确保评估结果的真实性和全面性。

三要发展民间评估机构。评估工作是一项专业性和技术性都很强的工作，没有一定专业知识的人员进行的评估，就很有可能使评估工作流于形式。可以发展民间专业评估机构，更好地促进评估工作的开展。

| 第五章　制度治党的实践路径

提高权力监督能力　筑牢"治党保障"

监督最根本的是对权力进行制约，健全权力监督体系是全面从严治党的重要保障和内在要求，是推进党的建设新的伟大工程的关键环节。党的十八届六中全会审议通过了新修订的《中国共产党党内监督条例》，体现了中国共产党刀刃向内的自我革命精神和自我监督、自查自纠的自觉性，也为完善权力监督体系提供了法规依据。习近平总书记在十九届中央纪委六次全会上指出："坚持完善党和国家监督制度，形成全面覆盖、常态长效的监督合力。"① 当前，制度治党、依规治党要以《中国共产党党内监督条例》为依据，强化党内监督体系，同时积极发展党内民主、健全党外监督机制，发挥党内外监督合力。

完善党内监督体系

强化党内监督是推进制度治党的保障环节，也是贯彻落实全面从严治党的必然要求。党的二十大明确指出："健全党统一领导、全面覆盖、权威高效的监督体系，完善权力监督制约机制，以党内监督为主导，促进各类监督贯通协调，让权力在阳光下运行。推进政治监督具体化、精准化、常态化，增强对'一把手'和领导班子监督实效。"② 党内监督即中国共产党运用自身力量对权力进行制约和监督，是中国共产党实现自我革命的重要手段，在监督体系中处于核心地位。通过

---

① 习近平谈治国理政（第四卷）[M]. 北京：外文出版社，2022：550.
② 习近平. 高举中国特色社会主义伟大旗帜　为全面建设社会主义现代化国家而团结奋斗——在中国共产党第二十次全国代表大会上的报告 [M]. 北京：人民出版社，2022：66.

强化党内监督能够有效规范党员干部和各级党组织的行为，使其能够严格按照党内法规制度来开展工作。完善党内监督体系，重点在于强化监督责任。提高中国共产党的自我监督能力，必须要构建完善的责任体系，明确各级党组织、党员干部监督主体责任，将强化责任贯穿制度设计和执行全过程。

重点要强化党委与纪委的监督责任

一方面，要落实好党委全面监督责任。各级党委应深化认识，抓好党风廉政建设工作，切实担负起监督主体责任。在选人用人上严把关，将清正廉洁作为选拔干部的重要标准，从源头上遏制腐败的产生与发展。在日常管理中，要管好班子、带好队伍，走出签字盖章的形式化误区，及时纠正苗头性错误，坚决制止损害人民群众利益的行为。在工作职责上，要明确党委和纪委的权责边界，对责任进行分解和细化，积极支持执纪执法工作的开展。同时，应着力推进党内巡视制度建设，突出巡视重点，加强巡视巡察上下联动。

另一方面，还要落实好纪委监督责任。要深入推进纪检体制改革，解决监督不力、腐败滋生的深层次问题。要以党委为中心，确保党风廉政建设相关方针政策落地生根、发挥实效。"要聚焦职责定位，强化上级纪委对下级党组织的监督，紧盯'关键少数'、关键岗位，围绕权力运行各个环节，完善发现问题、纠正偏差、精准问责有效机制，压减权力设租寻租空间。"[①] 要加大监督的力度和频次，对严重损害人民利益的行为零容忍、下重拳，运用好问责、曝光、暗访等监督手段。要加大对失责失职行为的惩处力度，确保纪委严守责任，杜绝暗中泄密、

---

① 十九大以来重要文献选编（中）[M]. 北京：中央文献出版社，2021：409.

徇私舞弊等行为。

要抓好领导干部这个关键少数

习近平总书记指出："重点加强对高级干部、各级主要领导干部的监督，完善领导班子内部监督制度，破解对'一把手'监督和同级监督难题。"① 领导干部具有特殊性，他们既是监督执行主体，也是监督的重点对象。领导干部的作用发挥和个人行为在党内影响辐射范围较广，必须要采取适当措施加强对领导干部的监管。

首先，领导干部应以身作则，自觉加强理论学习，增强党性修养，做廉洁奉公的典范，做遵规守纪的模范。

其次，应该进一步完善对领导干部进行监督制约的重要制度。加强对领导干部的事中监督和事后监督，要规范程序，制定科学合理的测评标准，规范测评内容，克服述责述廉形式化倾向。加强对述责述廉测评结果的运用，持续跟进后续的整改提升工作。要健全领导干部插手干预重大事项记录制度，对领导干部利用职务便利的违规行为，要如实记录、有据可查。要坚持个人事项报告制度，对关键环节开展重点核查，细化各环节工作流程，强化核查责任，确保核查工作的准确性和有效性。

推进党内民主建设

推进党内民主建设是解决众多问题的关键所在。习近平总书记指出："党内民主是党的生命，其实质是按照党章的规定在党内生活中实

---

① 十九大以来重要文献选编（中）[M]. 北京：中央文献出版社，2021：295.

现党员人人平等，并且共同参与讨论、决定和管理党内事务。"①监督既是党员的义务，又是党员的民主权利。但是，党内监督中自下而上的监督存在短板，党员对党的各级组织及其领导干部的民主监督作用发挥不充分。要解决这一问题，就必须充分发扬党内民主。

推进党内民主建设，根本在于坚持民主集中制这一根本组织制度和领导制度

要处理好集中和民主的辩证关系，一方面是维护党中央的权威和集中统一领导。另一方面必须要充分发扬党内民主，保障党员民主权利，让党员在党内事务中有更多参与，充分发挥党员的监督作用。党代会代表着全党上下所有党员的普遍利益，是党内民主最基本的实现形式。应该以《关于新形势下党内政治生活的若干准则》为指导，"落实党代表大会代表任期制，实行代表提案制，健全代表参与重大决策、参加重要干部推荐和民主评议、列席党委有关会议、联系党员群众等制度"②。通过完善党的代表大会制度，拓展活动方式，让党代表在党代会闭会期间，继续发挥监督功能。

推进党内民主建设，要完善党务公开制度

党员共同参与讨论、决定、管理党内事务是党内民主的主要内容，促进党内民主发展就是要切实保障党员的知情权、参与权、选举权和监督权。党务公开是保证党内民主、保障党员权利的重要路径。因此，要发展党内民主，必须完善党务公开制度，及时公布党内信息，畅通党内信息上下互通渠道，保障党员群众能够切实参与党内事务的讨论。

---

① 十七大以来重要文献选编（下）[M]. 北京：中央文献出版社，2013：1023.
② 十八大以来重要文献选编（下）[M]. 北京：中央文献出版社，2018：431.

制度不完善是制约党务公开发展的主要因素。

首先，要扎实推进党务公开制度建设，要使党务公开真正走上制度化、规范化、程序化轨道。各级党组织应以《中国共产党党务公开条例（试行）》为指导，坚持党务公开的原则，明确公开的内容和范围，创新公开的方式，将《中国共产党党务公开条例（试行）》中的宏观指导细化、量化为所在党组织的具体程序和制度。

其次，当前，互联网技术的迅速发展为党务公开提供了便捷，应该促进党务公开与互联网的紧密结合，在党务公开中充分利用现代信息手段，通过微博、微信、网站等网络平台进行信息公开，实现党务公开的常态化，充分激发党务公开的"阳光效应"。

推进党内民主建设，要健全党员监督保障机制

党员民主监督很难发挥作用的原因众多，其中很重要的一点是党内缺乏检举监督后的保障机制，造成党员为求自保、不敢监督，在党内批评中失声，在党内检举中匿迹。要使党员能够积极行使监督权，必须完善相关的保障机制来解决党员的后顾之忧。应该完善党内批评制度，探索批评的激励、保障制度，将其与民主生活会相结合，坚持问题导向，克服批评的形式化倾向，充分发挥其日常监督功能。还要健全党内揭发检举制度，并与党内巡视制度协同推进，发挥合力，规范检举的程序，加强对检举信息的保密工作，避免信息泄露和信息交易。同时，要加强对检举人的保护工作，建立健全检举人救济机制，对打击报复举报人的，要依法严肃查处，最大限度地免除检举带来的负面影响。

健全党外监督机制

党外监督是权力监督机制的重要组成部分。党内监督在整个权力制约监督体系中起着基础性作用,处于核心地位。中国共产党一直非常重视党内监督,尤其是党的十八以来,在打造全方位、立体化权力监督体系上取得重大突破,形成了系统化、科学化的党内监督体系,党风廉政建设和反腐工作取得重大进展。党内监督和党外监督是从不同的角度来对公权力的运行进行监督,党外监督可以弥补党内监督的盲区。所以,必须要将党内监督与党外监督相结合。在强化党内监督的同时,要健全党外监督机制,形成监督合力。

健全党外监督机制,要强化人大监督与行政监督

我国宪法明确规定,人民是国家的主人,国家的一切权力属于人民。全国人大是最高国家权力机关,享有最高的监督权力,党必须接受人大的监督。各级人大及其常委会要切实担负起法律赋予的监督责任,树立宪法至高无上的权威,对党员进行法律监督,确保党员干部依法行事;对于党员的违宪行为,要严肃追究责任,强化人大的监督效力,确保党始终在宪法和法律允许的范围内活动。

同时,行使质询权也是人大及其常委会对国家机关工作人员进行监督的有效方式。对于党内的一些违法乱纪现象和贪污腐败案件,人大代表应及时了解情况,对相关责任人进行质询,促进问题的解决。

行政监督也是强化权力监督的重要方式。"加强行政监督,强化对政府职能部门履行监管职责情况的监督,加强行政监察和审计监督,

加大行政问责力度。"① 近年来,审计监督对党员领导干部的制约作用越发突出,应进一步完善审计制度,拓展审计工作的覆盖面,保证审计工作的权威性和独立性,努力构建集中统一、全面覆盖、权威高效的审计监督体系。纪委的工作离不开审计,要加强纪委与审计部门的联合监督,借助审计部门的专业技术对党内违法乱纪行为开展调查巡视,实现监督的精准化。

健全党外监督机制,要充分发挥社会监督作用

社会监督主要指的是民主党派、工商联、无党派人士,以及媒体舆论和社会团体、群众对中国共产党进行监督。"加强民主监督,听取人民政协和民主党派、工商联、无党派人士的意见、建议和批评。"②

一是要加强民主党派、工商联、无党派人士的民主监督。在监督内容上,应不断细化、具体化,明确具体的规则和程序,以便于民主党派开展监督工作更有针对性。在体制机制上,要健全保障机制和协调机制,推进民主监督的规范化。在态度上,中国共产党党内人士应该主动接受民主党派人士的监督,认真对待民主党派人士的意见建议,营造良好的沟通氛围。

二是要强化媒体监督。充分发挥新媒体作用,增强监督时效性。积极利用信息技术创新监督方式,将大数据技术运用于检举信息的收集和处理,提高工作效率。媒体应承担起自身责任,通过正向的网络舆论引导形成良好监督氛围,凝聚正能量。

三是要重视社会团体和人民群众的监督作用。一方面要通过积极宣传党内法规制度,提高社会团体和人民群众行使监督权的积极性和

---

① 十八大以来重要文献选编(上)[M]. 北京:中央文献出版社,2014:650.
② 十八大以来重要文献选编(上)[M]. 北京:中央文献出版社,2014:650.

主动性。另一方面就是要拓展监督渠道，除了传统的座谈会、听证会等形式之外，要创新监督方式，建立常态化的沟通机制。

四是要发展并完善信访制度，规范信访程序，高效处理线索，及时回复人民群众关心的重要问题，定期研判信访情况。

提高环境培育能力　夯实"治党支撑"

制度环境对党员的价值取向、思想行为都有着重要的影响。良好的制度环境有利于促进制度的执行实施，有利于形成自我监督、自觉接受监督的良好氛围，有利于保持党的先进性和纯洁性，增强党的凝聚力、战斗力、领导力和号召力。应该从净化党内政治生态、培育党员干部制度意识、加强制度文化建设这三个方面来培育风清气正的党内制度环境。

净化党内政治生态

制度治党与党内政治生态，是相互促进、相辅相成的。深入推进制度治党，是净化党内政治生态的根本举措。党内法规制度通过"明规矩"，破除"潜规则"，成为净化党内政治生态的刚性约束和根本保障。良好的党内政治生态，也有利于制度治党的发展。党内政治生态对党员的思想和行为都有着重要的影响。政治生态良好则党内政治生活严肃有序，党员能够自觉遵守法规制度，履行执政为民的政治责任。反之，党内政治生活混乱无序，不正之风也会在党内扎根，侵蚀党的健康肌体，损害党的先进性和纯洁性，党内法规制度的执行也会受到严重影响。习近平总书记指出："我们一定要深刻认识到，严肃党内政治生活、净化党内政治生态,是党的建设中带有根本性、基础性的问题,关乎党的团结统一,关乎党的生死存亡。"① 为此,要营造良好的党内政治生态,为制度执行提供健康的政治环境,实现制度治党与净化党内政治生态的"双赢"。

净化党内政治生态,要涵养党内政治文化

党内政治文化是党内政治生活的灵魂,是能够对党员行为产生直接影响的精神因素。先进的、健康的、良好的政治文化能够引导党员干部坚守政治信念、政治使命和政治立场,做政治上的明白人。涵养党内政治文化,要以马克思主义武装全党,深入贯彻落实习近平新时代中国特色社会主义思想,以《关于新形势下党内政治生活的若干准则》《中共中央关于加强党的政治建设的意见》等一系列党内法规为准绳,夯实思想根基,筑牢政治信仰;要教育引导全体党员增强"四个意识",坚定"四个自信",做到"两个维护",并结合主题教育引导党员从历史和现实、理论和实践中认识中国共产党为什么能,强化政治认同,做到党中央提倡的坚决响应、党中央决定的坚决执行、党中央禁止的坚决不做;要以中国特色社会主义文化来坚决抵制庸俗腐朽的政治文化,抵制西方意识形态的侵蚀,引导广大党员继续弘扬优良革命传统,用革命先烈的英勇事迹提振自律自强、奋发有为的精气神。

净化党内政治生态,要严肃党内政治生活

严肃党内政治生活是解决党内问题、净化党内政治生态的重要途径。"我们要加强和规范党内政治生活,严肃党的政治纪律和政治规矩,

---

① 习近平关于全面从严治党论述摘编 [M]. 北京:中央文献出版社,2016:37.

增强党内政治生活的政治性、时代性、原则性、战斗性,全面净化党内政治生态。"①提高党内政治生活的质量,要以民主集中制为根本制度遵循,坚持集体领导和个人分工负责相结合,做到科学决策、民主决策。党员要自觉践行"四个服从",做到党员个人服从党的组织,少数服从多数,下级组织服从上级组织,全党各个组织和全体党员服从党的全国代表大会和中央委员会。用好批评与自我批评这个关键一招,要坚持实事求是,摒弃形式主义,认认真真开好民主生活会,要敢于揭短亮丑,敢于指出他人问题,让"红红脸""出出汗"成为常态,要注重整改落实,让批评与自我批评真正发挥实效。要抓好领导干部这个"关键少数",使其发挥示范引领作用,领导干部要以身作则、率先垂范,在党内政治生活中站稳立场、保持定力、敢于批评和勇于斗争,以自身模范行为以上带下,起到上行下效、整体联动的效应。

净化党内政治生态,要加强政德建设

制度治党不是片面地强调法规制度的约束作用,而是追求思想道德和法律法规的双重合力。所以,必须要双管齐下、德法兼修,协同推进制度建设与道德培育。加强政德建设,就是要解决好党员干部的修身立德问题,培育党员干部的优良德行,以良好的政德文化引领党内道德风尚,为涵养政治文化、培育政治生态提供道德保障。加强政德建设的关键是要提升党员干部的党性修养和宗旨意识。应加强共产主义道德教育,强化党员干部的自律意识和自我反思、自我完善能力,促使党员干部严格约束自身行为,坚守道德底线,不断提升思想道德境界。

---

① 十八大以来重要文献选编(下)[M]. 北京:中央文献出版社,2018:355.

培育党员干部制度意识

培育党员干部制度意识需要对党员干部的主观世界进行改造,使其深入学习认识制度治党理论,牢固树立严格按照制度办事的观念。培育党员干部制度意识,是从思想层面上解决制度执行难的重要途径之一。党员干部如果缺乏制度意识,制度执行意愿就会不强,大大削弱制度的权威性与执行力,执行效果也会大打折扣。习近平总书记指出:"有些干部连一些基本规矩都不讲,毫无制度意识、毫无敬畏之心,缺乏为官做人的起码底线,口无遮拦,随心所欲,什么话都敢说,什么事都敢干。"① 只有使广大党员和领导干部对党内法规制度有深刻的领悟和敬畏感,发自内心地认同制度,才能使他们在制度执行中争当模范。全党要通过教育、培训等方式让广大党员干部充分认识到以制度为依据处理党内问题的重大意义,提升全党学规、守规、执规和执纪问责的制度意识,进而增强党内法规制度的公信力和权威性,提高党内法规制度执行的实际效果。

培育党员干部制度意识最基本的就是要加强学习教育

习近平总书记针对有些干部毫无制度意识时指出:"要加强教育引导,认真查处违规违纪行为,使干部懂规矩、守规矩。"② 党委应每年召开一次党内法规制度专题研究会议,并牵头将党内法规制度纳入理论学习中心组学习和干部教育培训的重要内容;督促各地方党组织、各部门党组织积极开展与党内法规制度相关的学习教育活动。领导干部

---
① 十八大以来重要文献选编(上)[M].北京:中央文献出版社,2014:350.
② 十八大以来重要文献选编(上)[M].北京:中央文献出版社,2014:350-351.

要率先垂范、以身作则,严格按照制度来办事,带头学习宣传党内法规制度。积极开展以学习党章党规为主题的专题党课,带动广大党员干部以尊崇的态度、敬畏的精神守规、用规、护规。积极拓展学习方式。例如,可以采用集体学习和个人自学、线上学习和线下学习相结合等多种教育学习方式。除了传统的专题会议、教育培训,还可以撰写出版相关书籍,对党内法规制度进行阐释解读。还要通过经常性的反面警示教育和正面典型教育,引导党员干部自觉用制度管权管事管人。

培育党员干部制度意识还要加强宣传传播工作

要与时俱进更新党内法规制度的传播理念,由强调实施向强化解读转变。"党内法规的传播不能仅仅注重强调实施,即不能只在第一时间让受众知道颁布了何种党内法规以及何时开始实施,更重要的是要强化对党内法规的解读,让受众真正明白规则是什么以及规则的具体含义,从而更好地遵守规则和维护规则。"[①] 解读好党内法规能够让党员干部把握党内法规制度的精髓和实质,从而更好地执行党内法规。要增强宣传的针对性。党内法规制度众多,有的党规覆盖面非常大,有的党规只是针对少数的职能部门,党组织中部门分工、岗位职务众多,不同部门的党员、不同岗位的党员职责不同,执规内容也不尽相同。因此,在宣传党内法规制度时,应该针对不同的职能部门、不同的岗位职务,有针对性地宣传重点内容。制度意识不仅是党员干部需要提高的,党外的机构组织、社会团体、人民群众也需要提高制度意识。应尽快建立健全党内法规制度的党外传播机制,将那些适合公开的法规制度及时传播出去,这样不仅可以增强人民群众的规则意识,还有

---

① 禹竹蕊.新时代党内法规的传播策略[J].山西师大学报(社会科学版),2019(2).

利于党外监督的实施。

加强制度文化建设

"与以往'制度建设'概念侧重于制度供给与制度执行两个层面不同，制度治党没有仅仅停留在制度制定和制度执行这两个层面，制度文化的培育和制度权威的维系是其中更为重要的内容。"① 党内制度文化是制度治党的内驱力。通过凝聚价值共识，形成文化认同，为制度治党筑牢思想根基，提供精神支撑。有时出现制度执行不力的情况，一方面是因为体制机制方面有所欠缺，另一方面是因为"拉关系、走后门、搞变通"这种不按规则办事的习惯已经潜移默化地影响着部分党员干部的思想、观念和行为，并成为一种"习以为常的文化"。可见，制度治党不仅需要他律机制，还需要制度文化提供的自律机制，即以良好的制度文化来涵养人、激励人，使制度执行主体从思想上牢固树立严守党规党纪意识。推动制度治党深入发展，要加强党内制度文化建设，提高制度执行主体的制度自觉，提高制度运行效率。

加强党内制度文化建设，要以社会主义核心价值观为引领，从中华优秀传统文化中汲取养分。习近平总书记指出，"核心价值观，承载着一个民族、一个国家的精神追求，体现着一个社会评判是非曲直的价值标准"②。社会主义核心价值观能够通过凝聚价值共识，形成文化认同，对个体进行规范，引领个体的思想和实践。党内制度文化的培育需要以社会主义核心价值观为引领。在党内开展社会主义核心价

---

① 王立峰，吕永祥. 新时代思想建党与制度治党的理论与实践 [M]. 北京：人民日报出版社，2021：107.

② 习近平关于社会主义文化建设论述摘编 [M]. 北京：中央文献出版社，2017：112.

观教育，将社会主义核心价值观融入党员干部生活工作学习的方方面面，充分让党员干部参与到党内文化的建设中来。中华优秀传统文化在家国担当、为民情怀、克己修身等各个层面都蕴含着非常丰富的内容，应充分挖掘中华优秀传统文化的丰富内涵，在党日活动和学习教育中充分利用中华优秀传统文化来提升党员干部的党性修养，涵养党内制度文化。

第六章

制度治党的价值意蕴

第六章　制度治党的价值意蕴

治国必先治党，治党务必从严，从严必依法度。党的十八大以来，以习近平同志为主要代表的中国共产党人，根据新的时代背景、结合新的时代任务与历史使命，不断推进党的制度建设工作。中国共产党坚持制度治党、依规治党，在完善党内法规制度体系、提升制度执行能力、提升权力监督能力、净化党内政治生态、培育健康的党内政治文化等方面取得了历史性成就。新时代，中国共产党制度治党的理论探索与实践探索，置于党一百多年的发展历程中来审视，具有重要的理论价值和实践价值。

新时代中国共产党制度治党的理论价值

新时代，中国共产党制度治党理论是习近平新时代中国特色社会主义思想的重要组成部分，是我们党在党的建设领域的重大理论创新，是解决新时代管党治党宽松软问题的基本保障。具体来说，其理论价值主要体现在四个方面：丰富马克思主义建党学说、发展中国共产党制度治党思想、深化党对执政党建设规律的认识、开拓中国化时代化党建理论新境界。

丰富马克思主义建党学说

办好中国的事情,关键在党。在党的一百多年奋斗历程中,对于建设什么样的长期执政的马克思主义政党、怎样建设长期执政的马克思主义政党,一代又一代中国共产党人不断进行探索与创新,不断推动马克思主义建党理论同中国具体实际相结合、同党的自身建设相结合,取得了一系列理论成果、实践成果和制度成果。党的十八大以来,以习近平同志为核心的党中央着眼党长期执政和国家长治久安,高度重视制度治党、依规治党,全方位、立体式加快推进党内法规制度体系建设,继承了马克思主义经典作家和我们党历代领导人重视党的制度建设的原则,总结提炼党的制度建设历史教训和经验,在马克思主义建党学说的基础之上,坚持解放思想、实事求是,创造性地提出了一系列新思想、新观点、新论断,对马克思主义政党的制度建设理论做出了原创性、时代性贡献。

一是继承马克思主义建党学说的重要原则

按照民主集中制的原则组织起来,实行严格的组织和制度,是马克思主义建党学说的一个重要原则。党的十八大以来,中国特色社会主义进入新时代,以习近平同志为核心的党中央立足于新时代党的建设新的伟大工程的新实践和新要求,坚持运用马克思主义立场、观点、方法,充分运用"两点论"和"重点论"相统一相结合的辩证实践方法,兼顾统筹各项工作和关键环节发力,推动党的制度建设工作取得重大进展。党的十八届三中全会提出,全面深化改革的总目标是完善和发展中国特色社会主义制度,推进国家治理体系和治理能力现代化。2014年8月，中共中央政治局审议通过了《深化党的建设制度改革实施方案》；同年10月，习近平总书记在党的群众路线教育实践活动总结大会上第一次明确提出"坚持思想建党和制度治党紧密结合"①，将其作为推进全面从严治党的八项要求之一。自提出"深化党的建设制度改革"命题以来，中国共产党通过总结管党治党经验、方法和规律，提炼升华管党治党新成果新思路和新策略，以大刀阔斧的改革和创新创造的精神，从深层次上解决各种迫切需要解决的管党治党新问题，加快补齐党的制度建设上的短板，使其更加完善、更加成熟、更加定型。

二是发展马克思主义政党关于党的领导、党的性质、党的宗旨、党的纲领、党的路线等党的本质属性的重要原理

中国共产党领导是中国特色社会主义最本质的特征，是中国特色社会主义制度的最大优势。发挥好党的领导这一最大优势，完善的制度安排和体制及组织体系是其重要保障。制度的根本性决定了党的制度的极端重要性。党的领导制度是我国的根本领导制度，在中国特色社会主义根本制度、基本制度、重要制度中具有统领地位。推进各方面制度建设，都要自觉贯彻党总揽全局、协调各方的根本要求。习近平总书记在党的十九届中央纪委六次全会上强调："党的十八大以来，我们继承和发展马克思主义建党学说，总结运用党的百年奋斗历史经验，深入推进管党治党实践创新、理论创新、制度创新，对建设什么样的长期执政的马克思主义政党、怎样建设长期执政的马克思主义政党的规律性认识达到新的高度。"② 党的十八大以来，在全面从严治党的实

---

① 习近平. 在党的群众路线教育实践活动总结大会上的讲话[M]. 北京：人民出版社，2014：16.
② 习近平谈治国理政（第四卷）[M]. 北京：外文出版社，2022：550.

践中，我们深刻认识到，要保证全党统一意志、统一行动、步调一致向前进，就必须依靠制度，以制度化的方式全面提升党的内部治理能力，就必须将制度治党、依规治党作为管党治党的基本方式。习近平总书记创造性地提出制度治党、依规治党，坚持了马克思主义的立场、观点、方法，继承了社会主义发展史特别是中国共产党历史上形成的制度建设理论，并根据新时代的新变化新要求，在理论上不断作出新概括，强调党内法规制度建设在管党治党、执政治国中的重要地位，明确党内法规制度建设的目标任务、路径方法，进一步发展了马克思主义建党学说。

三是深化马克思主义政党制度建设的理论意义

先进的马克思主义政党不是天生的，而是在不断自我革命中淬炼而成的。时代和实践的发展，不断给马克思主义政党建设提出新的要求，也赋予马克思主义建党学说新的内涵。在一百多年的奋斗历程中，党积累了丰富的自身建设经验，其中十分重要的一条就是，要依据时代的变化与党的任务的变化，积极推进马克思主义理论与时俱进、改革创新。作为马克思主义政党，中国共产党要保持先进性和纯洁性，实现崇高使命，就必须做到在自觉接受人民监督的同时，能够进行自我革命，并以规范的制度体系作为坚强保障。党的十八大以来，以习近平同志为核心的党中央创造性地提出"坚持制度治党、依规治党"的重要命题，从根本上说，是从新的高度对党的建设规律的深刻认识和自觉运用，以成熟的制度管党、管人、管事，深度契合了新时代全面从严治党的内在要求，成为推进全面从严治党的有效路径。习近平总书记在党的二十大报告中指出："坚持制度治党、依规治党，以党章为根本，以民主集中制为核心，完善党内法规制度体系，增强党内法规权威性和执行力,形成坚持真理、修正错误,发现问题、纠正偏差的机制。"① 新的历史条件下,要保持和发展马克思主义政党先进性和纯洁性,统筹中华民族伟大复兴战略全局和世界百年未有之大变局,就要将制度治党、依规治党贯穿于党的建设各个领域,以制度为构建全面从严治党体系保驾护航。

发展中国共产党制度治党思想

制度治党是在实现国家治理体系和治理能力现代化的时代背景下对执政党提出的新要求,是以制度化的方式管理党内事务、规范党员行为,全面提升党的内部治理能力,推动政党运行规范化、科学化。习近平总书记指出:"小智治事,中智治人,大智立法。治理一个国家、一个社会,关键是要立规矩、讲规矩、守规矩。法律是治国理政最大最重要的规矩。"② 党的领导地位决定了党内法规制度体系对国家法治建设具有重要的引领作用。在中国特色社会主义法治体系中,党内法规是最具决定性影响的部分。从中国共产党的建设历史来看,思想建党、组织建党与制度治党有机结合是党之所以长期保持旺盛生命的密钥所在。制度问题带有根本性、全局性、稳定性、长期性,在深化思想建党、组织建党的过程中,必须用制度治党、管权、治吏,从而使思想的引领作用和组织的机制作用得以有效具体地实施和发挥。制度治党应从制度建设上抓起,将制度建设贯穿于党的建设各领域。

新民主主义革命时期,是党的各项制度初创、调整、完善并趋于

---

① 习近平. 高举中国特色社会主义伟大旗帜 为全面建设社会主义现代化国家而团结奋斗——在中国共产党第二十次全国代表大会上的报告[M]. 北京:人民出版社,2022:65-66.
② 习近平关于社会主义政治建设论述摘编[M]. 北京:中央文献出版社,2017:85.

成熟的历史时期。中国共产党在理论上明确提出"党内法规"概念,并通过制定一批党法党规,确立党的民主集中制原则,初步构建起党的组织、领导、工作和党内生活制度。党的二大制定了第一部正式章程,党的七大党章中首次系统阐述民主集中制的科学内涵。尤其是解放战争时期,中国共产党陆续制定了《关于建立报告制度》《关于健全党委制》《党委会的工作方法》等一系列文件,以规范党内政治生活,为党领导人民赢得中国革命胜利发挥了积极作用。社会主义革命和建设时期,中国共产党自身建设着眼于使党能够应对全国执政条件下的新情况新考验,一方面继续坚持新民主主义革命时期党的制度建设的成功经验,另一方面也对建设社会主义条件下的党的制度建设作了一些探讨。1956年,邓小平在党的八大上作《关于修改党的章程的报告》时提出:"为此,党除了应该加强对于党员的思想教育之外,更重要的还在于从各方面加强党的领导作用,并且从国家制度和党的制度上作出适当的规定,以便对于党的组织和党员实行严格的监督。"[1] 中国共产党通过制定各种党内法规推动党的制度建设向规范化方向发展,也推动了我国社会主义制度的建立,为人民当家作主提供了制度保障。改革开放和社会主义现代化建设新时期,党内法规的制定和执行在党的建设总体布局中发挥着尤为重要的作用,《关于党内政治生活的若干准则》《中共中央关于加强党的建设几个重大问题的决定》《中国共产党党内法规制定条例》等一系列法规的制定与实施,为推进党的建设制度化、规范化、程序化提供了标准。

中国特色社会主义进入新时代,习近平总书记着眼党长期执政和国家长治久安,创造性地提出了党既要依据宪法法律治国理政,也要

---

[1] 邓小平文选(第一卷)[M].北京:人民出版社,1994:215.

依据党内法规管党治党，对加强新时代党内法规制度建设作出许多重要论断和深刻论述，为加强新时代党内法规制度建设指明了前进方向、提供了根本遵循，引领党内法规制度建设全方位推进。同时，党中央立足实际、着眼长远，环环相扣、梯次推进，出台了一系列关于加强党内法规制度建设的决策，其推进力度之大、建章立制之多、执规执纪之严、社会反响之好，在中国共产党一百多年的制度建设史上前所未有。

2013年11月，党的十八届三中全会提出，紧紧围绕提高科学执政、民主执政、依法执政水平深化党的建设制度改革；2014年10月，党的十八届四中全会把"形成完善的党内法规体系"确立为建设中国特色社会主义法治体系的重要内容，对加强党内法规制度建设作出明确部署；2015年10月，党的十八届五中全会强调，运用法治思维和法治方式推动发展，全面提高党依据宪法法律治国理政、依据党内法规管党治党的能力和水平；2016年12月，中国共产党召开党的历史上第一次全国党内法规工作会议，深入贯彻落实党中央决策部署和习近平总书记关于党内法规制度建设重要指示精神；2017年10月，党的十九大明确提出，坚持依法治国和依规治党有机统一，加快形成覆盖党的领导和党的建设各方面的党内法规制度体系；2019年10月，党的十九届四中全会强调，健全总揽全局、协调各方的党的领导制度体系，加快形成完善的党内法规体系；2020年11月，中央全面依法治国工作会议强调，坚持党对全面依法治国的领导，健全党领导全面依法治国的制度和工作机制，建设中国特色社会主义法治体系，形成完善的党内法规体系；2021年12月，习近平总书记关于制度治党、依规治党的重要论述在第二次全国党内法规工作会议上被集中概括为"十个坚持"，"即坚持把依规治党摆在事关党长期执政和国家长治久安的战略位置，坚持完善'两个维护'制度保障,坚持把党章作为管党治党总依据,坚持贯彻民主集中制,坚持围绕党和国家工作大局推进党内法规制度建设,坚持高质量构建党内法规体系,坚持执规必严、违规必究,坚持思想建党和制度治党同向发力,坚持依法治国和依规治党有机统一,坚持抓好'关键少数'尊规用规"①。

习近平总书记关于制度治党、依规治党的重要论述,科学总结了蕴含在党内法规制度建设实践中的内在规律,深刻回答了党内法规制度建设的理论和实践问题。这些关于党内法规制度建设的指示要求,彰显了党中央对加强党内法规制度建设的高度重视,对全面推进制度治党、依规治党的坚定决心,凝结着坚持制度治党、依规治党的宝贵经验,蕴含着深刻的历史逻辑、理论逻辑、实践逻辑,在新时代党内法规制度建设中发挥了重要指导作用。新时代党内法规制度建设取得的成果,是习近平新时代中国特色社会主义思想的重要体现,是以习近平同志为核心的党中央治国理政实践和理论创新的重要体现,是全面从严治党历史经验和新鲜经验的重要体现,为新时代新征程做好党内法规工作提供了根本遵循。

深化党对执政党建设规律的认识

党的建设是根据实际情况的变化,适时提出并不断进行调整的。执政党建设理论也是要依据工作任务的变化而发生变化的。也就是说,党的建设要紧紧围绕和服务于党领导的伟大事业,按照党的政治路线来进行,围绕党的中心任务展开,朝着党的建设总目标来加强。党的

---

① 中共中央办公厅法规局.充分发挥依规治党的政治保障作用——以习近平同志为核心的党中央加强党内法规制度建设纪实[N].人民日报,2022-06-26(01).

建设理论是引导全党发展方向的理论,也是指导国家治理、经济发展等问题的理论。在新的历史时期,要以马克思主义执政党建设规律为根本,根据形势变化调整党的建设理论,并在实践中进一步深化党对执政党建设规律的认识。党的十八大以来,习近平总书记对关系新时代党和国家事业发展的一系列重大理论和实践问题进行了深邃思考和科学判断,就新时代坚持和发展什么样的中国特色社会主义、怎样坚持和发展中国特色社会主义,建设什么样的社会主义现代化强国、怎样建设社会主义现代化强国,建设什么样的长期执政的马克思主义政党、怎样建设长期执政的马克思主义政党等重大时代课题,提出一系列原创性的治国理政新理念新思想新战略,以全新的视野深化了对共产党执政规律、社会主义建设规律、人类社会发展规律的认识,为推进中国特色社会主义事业提供了科学思想指引。

党的十九届四中全会准确把握我国国家制度和国家治理体系的演进方向和发展规律,把坚持和完善党的领导制度体系放在突出位置,并把坚持和加强党的领导的要求全面体现到各方面制度安排中,审议通过了《中共中央关于坚持和完善中国特色社会主义制度 推进国家治理体系和治理能力现代化若干重大问题的决定》,着眼于健全总揽全局、协调各方的党的领导制度体系,突出党的领导制度在国家治理体系中的统摄性地位,提出了6个方面要求:建立"不忘初心、牢记使命"的制度,完善坚定维护党中央权威和集中统一领导的各项制度,健全党的全面领导制度,健全为人民执政、靠人民执政各项制度,健全提高党的执政能力和领导水平制度,完善全面从严治党制度。坚持和完善党的领导制度体系有助于提高党的执政水平。

健全完善党的全面领导体系,即健全总揽全局、协调各方的党的领导制度体系,把党的领导更好地落实到国家治理各领域各方面各环节。党政军民学,东西南北中,党是领导一切的。党的十八大以来,党中央旗帜鲜明地坚持和加强党的全面领导,在《中国共产党章程》中明确规定中国共产党是"中国特色社会主义事业的领导核心",在《中华人民共和国宪法》第一章第一条中明确"中国共产党领导是中国特色社会主义最本质的特征",采取一系列重大举措坚持和完善党的领导制度体系,明确了中国共产党在中国特色社会主义事业中不可动摇的领导地位。2020年9月,中共中央制定出台了《中国共产党中央委员会工作条例》,对党中央的领导地位、领导体制、领导职权、领导方式、决策部署、自身建设等作出全面规定,为保证党中央对党和国家事业的集中统一领导提供了基本遵循。同时,党中央还作出一系列维护党中央权威和集中统一领导的重大制度性安排,为党中央各项决策部署有效贯彻落实提供有力制度保证。"随着党的领导制度体系日益健全,全党在思想上政治上行动上同以习近平同志为核心的党中央保持高度一致更加自觉,党科学执政、民主执政、依法执政水平不断提高,把方向、谋大局、定政策、促改革的能力不断提高,总揽全局、协调各方的领导核心作用充分彰显。"①

完善党领导各项事业的制度,即完善党领导经济、政治、文化、社会、生态文明及国防和军队建设等方面的制度。党的十九届四中全会指出,要完善党领导各项事业的具体制度,把党的领导落实到统筹推进"五位一体"总体布局、协调推进"四个全面"战略布局各方面。党的十八大以来,在党领导经济建设方面,制定了《中国共产党农村工作条例》等,坚持和加强党对"三农"工作的全面领导,全面推进乡村振兴;在党领导政治建设方面,制定《中国共产党统一战线工作

---

① 李正华.党的领导制度体系不断完善[N].人民日报,2022-05-13(09).

条例》《中国共产党政法工作条例》等，加强党对统一战线工作的集中统一领导；在党领导文化建设方面，制定《中国共产党宣传工作条例》《党委（党组）意识形态工作责任制实施办法》等，从宣传和管理上维护我国意识形态安全；在党领导社会建设方面，制定《中国共产党领导国家安全工作条例》《信访工作条例》等，加快推进社会治理现代化，把党的领导优势更好转化为社会治理效能；在党领导生态文明建设方面，制定《中央生态环境保护督察工作规定》《领导干部自然资源资产离任审计规定（试行）》等，压实生态文明建设和生态环境保护政治责任，推动建设美丽中国；在党领导国防和军队建设方面，制定修订《中国共产党军队党的建设条例》《中国人民解放军军队政治工作条例》等，坚持党对军队的绝对领导，为实现党在新时代的强军目标提供有力保证。①

开拓中国化时代化党建理论新境界

习近平总书记在党的二十大报告中指出："实践告诉我们，中国共产党为什么能，中国特色社会主义为什么好，归根到底是马克思主义行，是中国化时代化的马克思主义行。"② 管党治党不仅关系党的前途命运，而且关系国家和民族的前途命运，是一项实践性很强的重大工程，离不开先进理论的指导、科学制度的保障。从建党之初的艰难探索，到新时代中国特色社会主义的伟大实践，中国共产党把制度建设贯穿于领导革命、建设和改革的全过程，一百多年的党史呈现了不断

---

① 中共中央办公厅法规局.新时代党内法规制度建设的历史性成就[J].民主与法制，2022（23）.
② 习近平.高举中国特色社会主义伟大旗帜　为全面建设社会主义现代化国家而团结奋斗——在中国共产党第二十次全国代表大会上的报告[M].北京：人民出版社，2022：16.

推进制度建设的发展轨迹。特别是党的十八大以来，以习近平同志为核心的党中央提出一系列新思想新战略新论断，作出一系列重大部署，创造性地提出了"坚持制度治党、依规治党"，充分发挥依法治国和依规治党的互补性作用，走出了一条制度治党、依规治党的新道路。

自党的十八届三中全会提出"深化党的建设制度改革"命题以来，中国共产党以改革创新精神加快补齐党建方面的法规制度短板，总结运用党的百年奋斗历史经验，认真总结管党治党方法和规律，不断巩固和发展管党治党一系列创新成果，以实践创新、理论创新、制度创新，坚持不懈把全面从严治党向纵深推进，使各方面制度更加全面、更加完善，党的制度建设更加成熟、更加定型。党的十八届四中全会把形成完善的党内法规体系纳入全面推进依法治国的总目标，对增强党内法规制度的有效性、系统性提出了新的要求。党的十九大报告指出："全面推进党的政治建设、思想建设、组织建设、作风建设、纪律建设，把制度建设贯穿其中，深入推进反腐败斗争，不断提高党的建设质量，把党建设成为始终走在时代前列、人民衷心拥护、勇于自我革命、经得起各种风浪考验、朝气蓬勃的马克思主义执政党。"[①]在新时代党的建设总要求中，强调把制度建设贯穿党的建设各个方面，更加体现了我们党对党的制度建设特点和规律的深刻认识。党的十九届四中全会决议指出，要建立不忘初心、牢记使命的制度，完善坚定维护党中央权威和集中统一领导的各项制度，健全党的全面领导制度，健全为人民执政、靠人民执政各项制度，健全提高党的执政能力和领导水平制度，完善全面从严治党制度。党的十九届四中全会决议把"建立不忘初心、牢记使命的制度"放在"坚持和完善党的领导制度体系"

---

① 习近平.决胜全面建成小康社会 夺取新时代中国特色社会主义伟大胜利——在中国共产党第十九次全国代表大会上的报告[M].北京：人民出版社，2017：62.

的首要位置,这说明党始终尊重和发挥制度在党的建设中的重要作用。党的二十大报告指出,完善党的自我革命制度规范体系,坚持制度治党、依规治党,健全党统一领导、全面覆盖、权威高效的监督体系,发挥政治巡视利剑作用,落实全面从严治党政治责任,用好问责利器。党的二十大报告对党的制度生成提出了更高的要求,促进党内制度建设形成更加科学化、规范化、现代化的系统格局。

全面从严治党作为新时代党的自我革命的伟大实践,在实践创新、理论创新和制度创新上取得丰硕成果,这就是习近平总书记在十九届中央纪委六次全会上强调的"九个坚持",即坚持党中央集中统一领导,坚持党要管党、全面从严治党,坚持以党的政治建设为统领,坚持严的主基调不动摇,坚持发扬钉钉子精神加强作风建设,坚持以零容忍态度惩治腐败,坚持纠正一切损害群众利益的腐败和不正之风,坚持抓住"关键少数"以上率下,坚持完善党和国家监督制度,形成全面覆盖、常态长效的监督合力。这"九个坚持"具有丰富的思想内涵和实践特征,深刻揭示了新时代党的建设的内在规律,成为党要管党、全面从严治党的宝贵经验。新征程上,我们必须深刻把握、长期坚持,不断在实践中加以深化,以永远在路上的坚定执着把全面从严治党向纵深推进,永葆党的先进性和纯洁性。

党团结带领人民进行革命、建设、改革的实践一再证明,什么时候我们党自身坚强有力,什么时候党和人民事业就能无往不胜。目前,我们党既面临着执政考验、改革开放考验、市场经济考验、外部环境考验,又要应对和解决精神懈怠危险、能力不足危险、脱离群众危险、消极腐败危险。全面从严治党要解决如何实现"真管真严""敢管敢严""长管长严"的内在命题,必须完善规范、健全制度,扎紧制度的笼子。制度治党就是把法治思维创造性地运用到管党治党各个领域,科学准确地回答了新时代"怎样管好党、治好党"这一重大课题,破解了诸多理论上的难题、廓清了思想上的误区,为新征程上全面从严治党向纵深推进提供了重要的方向指引。

新时代中国共产党制度治党的实践价值

理论的生命力在于实践,理论的作用在于指导实践。制度治党、依规治党是新时代中国共产党在面临"四大考验"和"四个危险"的背景下,在治国理政的实践中提出的重大战略思想,其本身具有重要的实践价值,主要体现在四个方面:推进中国共产党自身治理的现代化、推动全面从严治党实践向纵深发展、为净化党内政治生态提供制度保障、为全球治理提供中国经验。

推进中国共产党自身治理的现代化

一定的社会制度是一定国家性质和国家形式的集中体现。制度完善与成熟的程度是国家和社会成熟与完善程度的集中体现。从这个意义上说,实现制度现代化是推进国家和社会现代化的最重要内容和最关键环节。①

中国特色社会主义事业的核心在于中国共产党领导,全面从严治党的核心在于加强党的领导。党推进制度建设,进行制度治党、依规治党的根本目的,是把权力关进制度的笼子里,推动党的制度优势更好地转化为治国理政的实际效能、转化为实现党的历史使命和战略目

---

① 商兆鑫. 以制度建设推进国家治理体系和治理能力现代化[J]. 党政论坛, 2019(12).

标的重要保障。习近平总书记强调:"不论处在什么发展水平上,制度都是社会公平正义的重要保证。我们要通过创新制度安排,努力克服人为因素造成的有违公平正义的现象,保证人民平等参与、平等发展权利。"① 党的治理的现代化,一个基本的标志应该是制度的现代化。加强党内法规制度建设,把依规治党贯穿于全面从严治党全过程,是全面从严治党的必然要求,是建设中国特色社会主义法治体系的重要内容,也是推进国家治理体系和治理能力现代化的重要保障。

党的十八大以来,以习近平同志为核心的党中央紧密结合新的时代条件和实践需要,全方位、立体式推进党内法规制度建设,比较完善的党内法规体系已经形成,全党上下尊规学规守规用规意识明显增强,党内法规制度优势较好转化为党管党治党、执政治国的治理效能。

从2013年编制《中央党内法规制定工作五年规划纲要(2013—2017年)》,到2014年10月党的十八届四中全会将"形成完善的党内法规体系"纳入全面推进依法治国总目标,再到2016年12月召开党的历史上第一次全国党内法规工作会议;

从2017年10月党的十九大明确提出加快形成覆盖党的领导和党的建设各方面的党内法规制度体系,并将"坚持依规治党、标本兼治"写入党章,到2019年10月党的十九届四中全会强调健全总揽全局、协调各方的党的领导制度体系,再到2020年11月党的历史上首次召开中央全面依法治国工作会议,强调建设中国特色社会主义法治体系,形成完善的党内法规体系;

从2021年11月党的十九届六中全会指出,党坚持依规治党,严格遵守党章,形成比较完善的党内法规体系,严格制度执行,党的建

---

① 习近平谈治国理政[M]. 北京:外文出版社,2014:97.

设科学化、制度化、规范化水平明显提高，①到2021年12月召开第二次全国党内法规工作会议，对坚持依规治党、加强新时代党内法规制度建设进行再动员再部署，再到2022年10月党的二十大报告中强调："坚持制度治党、依规治党，以党章为根本，以民主集中制为核心，完善党内法规制度体系，增强党内法规权威性和执行力，形成坚持真理、修正错误，发现问题、纠正偏差的机制。"②

党的十八大以来，党中央针对党内法规制度建设持续作出重大决策部署，立足实际、着眼长远，环环相扣、梯次推进，力度之大、效果之好，在党的百年制度建设史上前所未有。比较完善的党内法规体系的形成，标志着党内法规制度达到了更加成熟更加定型的新高度，这在党内法规制度建设乃至党的建设、党和国家治理现代化历史进程中具有里程碑意义，为深入推进依规治党提供了有力制度支撑，为加快形成完善的党内法规体系奠定了坚实基础，为加快建设中国特色社会主义法治体系提供了强大助力。

中国式现代化是中国共产党领导的社会主义现代化，坚持以国家和民族发展作为演进基点，兼具理论与实践、回顾与创新、协调与突破、持续与适应多重特质，其中制度建设不仅构成中国式现代化的内在要素与基本内容，而且为中国式现代化的推进与拓展提供有力保障。③中国式现代化建设离不开党坚强有力的领导，制度治党、依规治党是提升党执政能力的重要保障。

一方面，党确立了民主集中制的根本组织原则和领导制度，确保中国式现代化的有力、有序、有效。我们党始终坚持贯彻民主集中制，

---

① 中共中央关于党的百年奋斗重大成就和历史经验的决议[M].北京：人民出版社，2021：32.
② 习近平.高举中国特色社会主义伟大旗帜 为全面建设社会主义现代化国家而团结奋斗——在中国共产党第二十次全国代表大会上的报告[M].北京：人民出版社，2022：65-66.
③ 马雪松.以制度建设引领和推进中国式现代化[J].人民论坛，2022（17）.

健全落实民主集中制的各项具体制度，把民主集中制要求贯穿党的领导和党的建设活动，推动形成了既有集中又有民主、既有纪律又有自由、既有统一意志又有个人心情舒畅生动活泼的局面。

另一方面，勇于自我革命是我们党区别于其他政党的显著标志，我们党始终坚持加强自身先进性、纯洁性建设，始终坚持全面从严治党。中国共产党是具有高度历史自觉的伟大政党。这种历史自觉，不仅表现在自觉推进伟大社会革命上，而且表现在自觉推进伟大自我革命上。① 自我革命是党永葆生机活力、走好新时代赶考之路的必由之路。当前，我们已经顺利实现第一个百年奋斗目标，正在朝着第二个百年奋斗目标迈进。面对新时代新征程，我们必须进行伟大斗争、建设伟大工程、推进伟大事业、实现伟大梦想。在这"四个伟大"之中，起决定性作用的是党的建设新的伟大工程，它是进行伟大斗争、推进伟大事业、实现伟大梦想的根本保证。中国共产党的百年制度建设为党的建设新的伟大工程的推进提供了重要的保障。新时代，党的建设新的伟大工程的推进，必须牢牢立足于党的制度建设百年成果。②

没有规矩，不成方圆。党的制度建设作为党的综合性建设，是党的建设的根本。中国共产党坚持制度治党、依规治党，有力推进了政党治理的现代化。

推动全面从严治党实践向纵深发展

制度治党、依规治党是全面从严治党的治本之策。新时代全面从严治党，形成了比较完善的党内法规体系，构建起党统一领导、全面

---

① 以党的自我革命引领社会革命——论学习贯彻党的二十大精神[N].人民日报，2022-11-02（01）.
② 张荣臣，苟立伟.百年制度建设照亮新赶考之路[N].中国社会科学报，2022-02-15（A01）.

覆盖、权威高效的监督体系，营造了尊崇制度、遵守制度的良好氛围。党的十八大以来，以习近平同志为核心的党中央站在统筹中华民族伟大复兴战略全局和世界百年未有之大变局的高度，坚持全面从严治党、依规治党，坚持依法治国与制度治党、依规治党统筹推进、一体建设，坚持把制度建设贯穿于党的各项建设之中，形成比较完善的党内法规体系。党内法规制度建设推进力度之大、取得成效之显著前所未有，党的建设科学化、制度化、规范化水平明显提高。

一是形成了比较完善的党内法规体系，覆盖党的领导和党的建设各方面

党的制度建设与党的其他各项建设是一个紧密结合的有机整体。中国共产党在一百多年奋斗历程中始终把制度建设贯穿于党的其他各项建设之中，特别是党的十八大以来，我们党高度重视党的制度建设，党内法规随着党的发展壮大而不断充实完善，党的制度建设不断取得新进展、新成果。2021年7月1日，习近平总书记在庆祝中国共产党成立100周年大会上宣布："党的十八大以来，中国特色社会主义进入新时代，我们坚持和加强党的全面领导，统筹推进'五位一体'总体布局、协调推进'四个全面'战略布局，坚持和完善中国特色社会主义制度、推进国家治理体系和治理能力现代化，坚持依规治党、形成比较完善的党内法规体系，战胜一系列重大风险挑战，实现第一个百年奋斗目标，明确实现第二个百年奋斗目标的战略安排，党和国家事业取得历史性成就、发生历史性变革，为实现中华民族伟大复兴提供了更为完善的制度保证、更为坚实的物质基础、更为主动的精神力量。"① 对于"形成比较完善的党内法规体系"的强调，是我们党的制度建设的重要里程碑。截至 2022 年 6 月，全党现行有效党内法规共 3718 部。其中，党中央制定的中央党内法规 221 部，中央纪委以及党中央有关部门制定的部委党内法规 170 部，省、自治区、直辖市党委制定的地方党内法规 3327 部。② 我们党形成了一个比较完善的党内法规体系，并以此为主干形成了一套系统完备的党的制度。这在世界上是独一无二的，彰显出中国共产党作为世界上最大的政党具有的大党气派、大党智慧、大党治理之道。作为事关党长期执政、国家长治久安的重大战略任务，党内法规体系的完善彰显了党中央对加强党内法规制度建设的高度重视，对党的建设规律的深刻洞见，对全面推进制度治党、依规治党的坚定决心。

二是坚持目标导向与问题导向相结合，成熟的党内实践经验上升为制度规范

党内法规制度建设是一个动态发展的过程。党的十八大以来，党中央始终坚持把党内法规制度创新摆在更加突出位置，坚持立改废释并举，统筹考虑立新废旧，以改革创新精神补齐制度短板，以实践基础上的理论创新推动制度创新。

坚持和完善现有制度，在总结经验的基础上，适应形势发展和党的建设需要，从新时代管党治党、执政治国实际出发，紧紧围绕党和国家工作大局，及时把比较成熟、普遍适用的经验提炼上升为制度，进一步健全相关党内法规制度，推动党的制度建设。一方面，通过制

---

① 习近平.在庆祝中国共产党成立 100 周年大会上的讲话[M].北京：人民出版社，2021：6-7.
② 中共中央办公厅法规局.开辟新时代依规治党新境界——党的十八大以来党内法规制度建设成就综述[N].人民日报，2021-06-17（01）.

定修订党组工作条例、地方党委工作条例、党的工作机关条例等党内法规，使党的组织制度基础更为坚实；另一方面，通过制定修订宣传工作条例、统一战线工作条例、政法工作条例、机构编制工作条例等党内法规，使党领导各方面工作的制度化规范化水平不断提高。

同时，党中央着眼维护党内法规制度的协调统一，切实发挥备案审查和清理在推动形成党内法规制度体系中的重要作用。建立健全从中央到省市县的备案审查工作体系，坚持"有件必备、有备必审、有错必纠"。党的十八大以来，共审查地方、部门向党中央报备党内法规和规范性文件3.5万余件，发现和处理"问题文件"1500余件，有力维护了党内法规和党的政策的统一性严肃性。①

三是形成高效的党内法规制度实施体系，党内法规制度的执行力得以强化，转化效能提升

制度的生命力在于执行，制度建设的出发点和落脚点也在于执行。2015年6月，习近平总书记在十八届中央政治局第二十四次集体学习时强调："反腐倡廉法规制度一经建立，就要让铁规发力、让禁令生威，确保各项法规制度落地生根。好的法规制度如果不落实，只是写在纸上、贴在墙上、编在手册里，就会成为'稻草人'、'纸老虎'，不仅不能产生应有作用，反而会损害法规制度的公信力。"②党的十八大以来，党中央不仅下大气力建制度、立规矩，而且下大气力抓落实、抓执行，党内法规制度执行真正严起来、硬起来、实起来。

深入开展党内法规学习宣传教育，开展"三严三实""两学一做"

---

① 中共中央办公厅法规局.新时代党内法规制度建设的历史性成就[J].民主与法制，2022（23）.
② 习近平关于严明党的纪律和规矩论述摘编[M].北京：中央文献出版社、中国方正出版社，2016：89.

等主题教育，完善党员干部学规守规的制度机制，让党内法规广泛普及、入脑入心。

建立健全党内法规执行体系，印发《中国共产党党内法规执行责任制规定（试行）》，建立健全法规执行责任清单，让党内法规执行真正严起来、实起来。

严肃查处各种违规行为，持续加大对违反党内法规行为的查处力度。自中央八项规定实施以来，截至2022年10月，全国纪检监察机关共查处违反中央八项规定精神问题76.9万起，批评教育帮助和处理109.7万人，其中给予党纪政务处分69万人，有力促进了相关法规制度的贯彻落实。严查追责促进了制度建设和治理效能更好地转化融合，使党内法规的制度效能得到充分释放。

为净化党内政治生态提供制度保障

政治生态是一个国家政治生活的大气候、大环境和大趋势，是党风、政风、民风及社会风气的集中反映，也是党员干部党性修养、思想觉悟、行为作风的综合表现。政治生态良好，则政治环境风清气正，实现政通人和、安定有序，正如习近平总书记指出的："做好各方面工作，必须有一个良好政治生态。政治生态污浊，从政环境就恶劣；政治生态清明，从政环境就优良。"[1] 党的政治生态建设是在探索中不断实践、在实践中不断创新、在创新中不断深化的过程，是赋予马克思主义建党学说中国特色、融入中国政治文化的过程。一部中共党史就是良好政治生态建设的历史，一部建党学说就是良好政治生态探索的

---

[1] 习近平关于协调推进"四个全面"战略布局论述摘编[M].北京：中央文献出版社，2015：150.

思想结晶。党的十八大以来,以习近平同志为核心的党中央坚定不移推进全面从严治党,坚持思想建党和制度治党紧密结合,集中整饬党风,严厉惩治腐败,党内政治生态明显好转。

习近平总书记多次强调,打铁必须自身硬,并提出"要建立健全相关制度,用制度管权管事管人。要突出重点,重在管用有效,全方位扎紧制度笼子,更多用制度治党、管权、治吏"①。用制度建设保障全面从严治党向纵深发展,这是党内政治生态发展的根本动力。科学、严密和完备的党内法规制度可以为党内政治生态建设提供组织和制度保障,帮助党内政治生态维持自身的平衡性与稳定性。同时,民主集中制是党内政治生态各要素联结起来运行的基本规则,调节党内关系是其最大功能,是党内政治生态的制度保障和核心推动力。②

风清气正的政治生态是全面从严治党的重要目标,是保持党的战斗力、生命力的基础。2018年全国两会期间,习近平总书记在参加重庆代表团审议时着重提及"政治生态",指出:"政治生态同自然生态一样,稍不注意就容易受到污染,一旦出现问题再想恢复就要付出很大代价。形成风清气正的政治生态,是旗帜鲜明讲政治、坚决维护党中央权威和集中统一领导的政治要求,是持之以恒正风肃纪、推动全面从严治党向纵深发展的迫切需要,是锻造优良党风政风、确保改革发展目标顺利实现的重要保障。"③党的十八大以来,在习近平新时代中国特色社会主义思想特别是关于坚持和加强党的全面领导重要论述指引下,完善了党对一切工作领导的体制机制,出台和修订了《关于新形势下党内政治生活的若干准则》《中共中央政治局关于加强和维护党

---

① 习近平关于全面从严治党论述摘编[M].北京:中央文献出版社,2016:110.
② 孙健.制度治理:重塑党内政治生态的根本路径[J].理论导刊,2020(6).
③ 习近平李克强栗战书赵乐际分别参加全国人大会议一些代表团审议[N].人民日报,2018-03-11(01).

中央集中统一领导的若干规定》《中国共产党重大事项请示报告条例》《中共中央关于加强党的政治建设的意见》《中国共产党中央委员会工作条例》等一系列重要党内法规文件。党的十九届四中全会明确了党的领导制度是我国的根本领导制度，把完善坚定维护党中央权威和集中统一领导的各项制度作为坚持和完善党的领导制度体系的重要内容加以强调，并从六个方面对党的领导制度建设进行部署，提出一系列明确要求，鲜明体现了我们党在坚持和加强党的全面领导上的制度自觉，为营造风清气正的政治生态提出了制度要求。党的十九届六中全会指出，"党的十八大以来，我们党以前所未有的勇气和定力全面从严治党，打了一套自我革命的'组合拳'，形成了一整套党自我净化、自我完善、自我革新、自我提高的制度规范体系"①。党的初心和使命决定了全面从严治党永远在路上，党的自我革命永远在路上。党的二十大再次对党章进行修改，并且增写党的自我革命永远在路上、不断健全党内法规体系等内容。这是深入学习贯彻党的创新理论的需要，是推进党和国家事业发展的需要，是深入推进新时代党的建设新的伟大工程的需要，是贯彻落实党的二十大精神的需要；有利于推动全党永葆自我革命精神，贯彻全面从严治党战略方针，确保党在革命性锻造中更加坚强有力。

党的十八大以来，党中央高度重视强化党内法规制度执行力，始终坚持制度为先、执行为要，充分发挥法规制度的刚性约束作用，使党的制度执行力建设迈出新的步伐。一是通过不断完善党内法规体系，覆盖党的领导和党的建设各个方面，使党内法规制度各个环节环环相扣、同向发力；二是通过健全执行党内法规监督机制，并以党内监督

---

① 习近平谈治国理政（第四卷）[M]. 北京：外文出版社，2022：542-543.

带动社会监督,推动党内法规制度执行落实,确保每一项制度不折不扣执行到位;三是通过健全执行党内法规考核机制,强化制度执行过程监督和问效问责,以强化党员贯彻落实全面从严治党的责任、提升党组织和党员执行党内法规的能力和水平。

党的奋斗目标决定了党的自我革命制度规范体系也必须与时俱进、改革创新。我们要顺应加强党的全面领导、深化全面从严治党新要求,及时填补制度空白,不断提高党内法规制度制定的质量,确保各项制度立得住、行得通、管得好。

为全球治理提供中国经验

习近平总书记指出:"从现实维度看,我们正处在一个挑战频发的世界。世界经济增长需要新动力,发展需要更加普惠平衡,贫富差距鸿沟有待弥合。地区热点持续动荡,恐怖主义蔓延肆虐。和平赤字、发展赤字、治理赤字,是摆在全人类面前的严峻挑战。"[1]面对这些挑战,我们该怎么办,这是摆在全人类面前亟须回答的难题。中国作为世界上最大的发展中国家,一直积极为解决全球治理困境提供中国理念、中国智慧、中国方案,正如习近平总书记指出的:"我们实现由封闭半封闭到全方位开放的历史转变,积极参与经济全球化进程,为推动人类共同发展作出了应有贡献。我们积极推动建设开放型世界经济、构建人类命运共同体,促进全球治理体系变革,旗帜鲜明反对霸权主义和强权政治,为世界和平与发展不断贡献中国智慧、中国方案、中国力量。我国日益走近世界舞台中央,成为国际社会公认的世界和平

---

[1] 习近平谈治国理政(第二卷)[M].北京:外文出版社,2017:508-509.

的建设者、全球发展的贡献者、国际秩序的维护者！"①

中国共产党是为中国人民谋幸福、为中华民族谋复兴的党，也是为人类谋进步、为世界谋大同的党。作为世界上最大的马克思主义执政党，我们一直坚持胸怀天下，拓展世界眼光，深刻洞察人类发展进步潮流，积极回应各国人民普遍关切，为解决人类面临的共同问题作出贡献，以海纳百川的宽阔胸襟借鉴吸收人类一切优秀文明成果，推动建设更加美好的世界。坚持胸怀天下是中国共产党人的境界格局，体现了马克思主义追求人类进步和解放的崇高理想。正如习近平总书记在中国共产党与世界政党领导人峰会上的主旨讲话中指出的："我们要担负起引领方向的责任，把握和塑造人类共同未来。人民渴望富足安康，渴望公平正义。大时代需要大格局，大格局呼唤大胸怀。从'本国优先'的角度看，世界是狭小拥挤的，时时都是'激烈竞争'。从命运与共的角度看，世界是宽广博大的，处处都有合作机遇。我们要倾听人民心声，顺应时代潮流，推动各国加强协调和合作，把本国人民利益同世界各国人民利益统一起来，朝着构建人类命运共同体的方向前行。"②

中国共产党通过制度治党，健全和完善党内法规制度体系，把党锻造得更加坚强有力。习近平总书记在庆祝中国共产党成立100周年大会上的讲话指出："中华民族近代以来180多年的历史、中国共产党成立以来100年的历史、中华人民共和国成立以来70多年的历史都充分证明，没有中国共产党，就没有新中国，就没有中华民族伟大复兴。"③尤其是党的十八大以来，以习近平同志为核心的党中央通过制

---

① 全面建成小康社会重要文献选编（下）[M]. 北京：人民出版社、新华出版社，2022：1091.
② 习近平著作选读（第二卷）[M]. 北京：人民出版社，2023：491-492.
③ 习近平谈治国理政（第四卷）[M]. 北京：外文出版社，2022：8.

度治党、依规治党，不断提高政党治理的制度化、法治化，极大地提升了党的组织力和战斗力，通过党的建设加强执政党的领导能力和水平，维护了党中央的权威和集中统一领导，有力地推动了政党治理现代化。我们党制度治党的基本经验，为世界其他国家提供了政党治理可资借鉴的中国经验。当前世界，大多数发展中国家都在努力实现国家现代化，而能否实现现代化与执政党的自身能力和水平有着直接的联系。一个现代化的国家必然有一个强有力政党的领导。但是，有些发展中国家不顾本国国情，一味盲目学习西方，机械照搬西方发展道路，照抄西方政党模式，追求所谓西方式的民主，造成了社会动荡、发展停滞。实践证明，中国共产党制度治党的经验拓展了其他发展中国家的政党治理及国家治理的途径。

中国共产党始终坚持新型政党制度，并不断地加以完善。中国共产党领导的多党合作和政治协商的制度，是中国新型政党制度。习近平总书记强调："我国社会主义政治制度优越性的一个突出特点是党总揽全局、协调各方的领导核心作用，形象地说是'众星捧月'，这个'月'就是中国共产党。在国家治理体系的大棋局中，党中央是坐镇中军帐的'帅'，车马炮各展其长，一盘棋大局分明。"① 在我国的政党制度中，中国共产党是执政党，各民主党派是参政党，只有执政党和参政党的合作，而没有执政党和在野党的区分。中国共产党与各民主党派合作的基本方针是：长期共存，互相监督，肝胆相照，荣辱与共。这是中国共产党与各民主党派合作的原则与基础。美国政治学家塞缪尔·P.亨廷顿认为："对处于现代化之中的国家或地区来说，一党制和多党竞争制究竟孰优孰劣，仁者见仁，智者见智。不过就政治发展而

---

① 习近平关于总体国家安全观论述摘编[M].北京：中央文献出版社，2018：31.

言,重要的不是政党的数量而是政党制度的力量和适应性。"① 中华人民共和国成立,特别是改革开放以来,中国共产党始终坚持党领导下的多党合作和政治协商制度,推行协商民主,在党内积极推行民主集中制等改革,使我们党的制度化程度不断提高、组织化程度不断加强。习近平总书记强调,中国新型政党制度"不仅符合当代中国实际,而且符合中华民族一贯倡导的天下为公、兼容并蓄、求同存异等优秀传统文化,是对人类政治文明的重大贡献"②。这是政治文明、政党文明的中国表达,也是制度自信、政党自信的集中表现。

党的领导制度化是制度治党的重要内容。一切伟大的成就都不是凭空产生的。中华民族能够扭转近代以后的历史命运、取得今天的伟大成就,最根本的是有中国共产党的坚强领导。党的十八大以来,以习近平同志为核心的党中央总结历史经验和教训,得出一个重要结论:中国共产党领导是中国特色社会主义事业最本质的特征,是中国特色社会主义制度的最大优势。这是我们党对以往领导革命、建设和改革成功经验的总结,是对党的领导规律认识上的深化。党的领导,始终是党和国家事业不断发展的"定海神针"。从"实现了中国从几千年封建专制政治向人民民主的伟大飞跃"、"实现了一穷二白、人口众多的东方大国大步迈进社会主义社会的伟大飞跃"、"推进了中华民族从站起来到富起来的伟大飞跃",到"中华民族迎来了从站起来、富起来到强起来的伟大飞跃",中国不断创造奇迹的背后,是始终坚定不移坚持中国共产党领导。新时代以来,中国在经济增长、消除贫困、新型城镇化、生态文明建设等领域取得了举世瞩目的历史性成就,为全球治

---

① 转自张广昭.中国共产党成功的世界意义[N].光明日报,2017-12-01(10).
② 转自人民日报评论员.坚定不移坚持和完善中国新型政党制度[N].人民日报,2021-06-26(01).

理贡献了极具启示价值和借鉴意义的治国理政中国方案。历史性成就的取得在于中国共产党的强有力领导。党的十九届四中全会做出"健全党的全面领导制度"的决定,正式把党的领导制度化,为世界上其他国家治理提供了有益的经验。

结　语

　　制度治党是中国共产党依据世情国情党情的发展变化，从事关党长期执政和国家长治久安的战略高度提出的管党治党基本方略，是全面从严治党的长远之策、根本之策。所谓制度治党，就是中国共产党通过构建严密完备的党内法规制度体系，强化制度执行与权力监督，培育制度文化来管理党内各项事务、进行自身治理的动态过程。与以往党的制度建设相比，制度治党实现由"制"向"治"的转变。这一转变的意蕴在于，制度治党以提升党内法规制度的执行力为核心，以提升党内法规制度的治理效能为目标。不仅强调构建内容科学、配套完备、程序严密、运行有效的党内法规制度体系，而且强调提高党内法规执行力和党员干部的制度意识，培育制度文化，健全党内监督机制。因此，制度治党是一个内涵更加丰富、结构更加合理、系统更加完整的治理形态，是我们党治党理念和治党方式的重大创新，代表着我们党对自身建设规律的认识达到新高度。

　　我们党自成立之初，就强调建立一个有严密组织和严格纪律的无产阶级政党，重视党内法规制度建设是我们党的优良传统。一百多年来，我们党在领导人民进行革命、建设、改革的实践中不断发展完善党内法规制度，形成了许多经验。党的十八大以来，制度治党被正式提出，党中央将制度治党摆在突出位置部署推进，党内法规制度建设取得了历史性成就，制度治党的理论和实践发展不断走向深入。同时要看到，制度治党在制度制定、制度执行、权力监督、制度环境培育等环节仍存在不足，需要结合现实情况和借鉴以往经验来完善与推行。首先，要提高制度制定能力，加强顶层设计，增强党内法规制度的科学性和针对性，促进党内法规与国家法律衔接协调。其次，要提高制度执行能力，完善执行保障制度体系，提升基层党组织制度执行力，健全党内法规实施评估制度。再次，要提高权力监督能力，完善党内监督体系，推进党内民主建设，健全党外监督机制。最后，要提高制度环境培育能力，提高党员制度意识，加强党内政治生态和文化建设。只有综合提高我们党制度治党能力，才能全方位、全过程推动制度治党深入发展。

  制度治党的理论与实践研究还有深化的空间。深化对制度治党的研究首先应与现代化治理理念相结合，注重对中国特色的阐释，丰富制度治党的理论内涵。其次，应把研究重点由制度制定转向制度运行过程。面对新形势新情况，应以提升制度执行力为研究重点，探索监督保障机制，进一步推动制度治党实践发展。再次，应加强对制度治党内在价值的研究，深化制度与价值观的联系，增强制度治党理论深度。具体来说，可以继续在制度治党的概念、强化制度执行力、培育制度文化、塑造制度权威性等方面加强研究，以推动中国共产党提升治党效能。

后　记

　　选择中国共产党制度治党为题，源自党的十九大报告中提出的，要把制度建设贯穿于党的其他方面建设之中，着力从根本上形成不敢腐、不能腐、不想腐的体制机制，突显制度在党的建设中的地位和作用。我从读博始，制度一直是研究方向。那时候更偏重于制度哲学的研究，探究制度与价值观的内外在关系。在博士论文中，专门有一部分内容阐述国家治理与社会主义核心价值观关系，发表了相关的文章。2016年博士毕业后，正值国家治理和全面从严治党研究快速发展时期，我把制度与全面从严治党结合起来，多方面探讨制度在全面从严治党中的地位和作用，直至聚焦于制度治党这个方面。

　　制度治党是一项复杂的系统工程，涉及党的建设方方面面。制度治党也是国家治理在中国共产党治国理政中的集中体现，是国家治理体系和治理能力现代化的应有之义。自党的十八届三中全会提出全面深化改革的目标是"坚持和完善中国特色社会主义制度、推进国家治理体系和治理能力现代化"这个命题以来，围绕制度在党和国家事业发展过程中的地位和作用，就一直是学界关注的热点和焦点。党的十九届四中全会更是专题研究关于中国特色社会主义制度和国家治理体系、治理能力现代化问题。这是我们党治国理政方式的革命性变革，用制度来治国、治党成为顶层设计层面考虑的问题。制度治党深刻揭示了全面依法治国与全面从严治党的内在关系，是习近平新时代中国特色社会主义思想的重要组成部分，为我们坚定不移地推进新时代党的建设新的伟大工程、以中国式现代化全面推进中华民族伟大复兴提供了坚强的保障。

在本书即将付梓之际，感谢学界研究制度治党方面的专家学者，他们公开发表的论文和出版的著作对本书的写作大有裨益，其中的一些观点和论述被吸收和引用进本书中。感谢北京化工大学马克思主义学院的领导和同事对我的指点和帮助。感谢陶竹在搜集文献和撰写部分内容中的辛苦付出。

限于作者水平，本书难免有疏漏之处，敬请批评指正，以期不断完善。

陈顺伟

2023 年 10 月